패자의 역사

패자의 역사

1판 1쇄 펴낸날 2008년 03월 25일
1판 6쇄 펴낸날 2013년 09월 30일

지은이 구본창

펴낸이 서채윤
펴낸곳 채륜
기획편집 박종훈

등록 2007년 6월 25일(제25100-2007-000025호)
주소 서울 광진구 군자동 229
대표전화 02-6080-8778 | **팩스** 02-6080-0707
E-mail book@chaeryun.com
Homepage www.chaeryun.com

ⓒ 구본창, 2008
ⓒ 채륜, 2008, printed in Korea

책값은 뒤표지에 있습니다.
ISBN 978-89-960140-1-0 03910

※ 잘못된 책은 바꾸어 드립니다.
※ 저작권자와 출판사의 허락 없이 책의 전부 또는 일부 내용을 사용할 수 없습니다.
※ 저작권자와 합의하여 인지를 붙이지 않습니다.

패자의 역사

구본창 지음

도서출판 채륜

이 책을 읽기에 앞서

역사학이여, 박물관을 박차고 거리로 나오라!

"역사란 역사가와 사실 사이의 부단한 상호작용이며, 현재와 과거 사이의 끊임없는 대화다."

― E. H. Carr ―

우리 역사는 단군 이래 4천 년 동안 한 번도 아래에서 시작한 '시민혁명'을 서치시 못하고 현재에 이르렀고, 왕조와 정권은 수없이 교체되었어도 결국은 늘 기득권자들에 의해 움직여온 주류主流의 역사였다. 그러한 연유로 주류의 시각으로 바라본 역사만을 배웠고, 또 체제 순응적인 역사만을 배웠다. 더구나 일제 36년을 거치는 동안 조선총독부의 적극적인 주도와 이병도를 위시한 친일 사학자들이 만든 식민 사관의 잔재가 아직도 그대로 남아 있어서 역사 왜곡까지 덤으로 남아 있는 실정이다.

역사학은 남북분단이라는 특수한 환경과 체제에 대한 모든 비판을 철저히 억눌러온 역대 독재 정권하에서 오로지 주류의 역사만을 가르쳐 왔다. 그리고 학생들은 어떠한 회의나 의심도 없이 앵무새처럼 오로지 시험 점수만을 위해 달달 따라 외울 수밖에 없었다.

예를 들어, 1920년에 시작한 조선물산장려운동이 애국을 빌미로 한 친일 기업가들의 배불리기로 변질됐었고, 그로 인해 국민들이 등을 돌리게 된 것이 실패 원인이었다. 그러나 국사교과서에서는 항일 애국운동의 일환으로 평가하고 있고, 일제의 탄압 때문에 실패한 것으로 기록하고 있다. 그럼에도 아무도 이에 대해 반론을 제기하지 않고 있다.

이런 상황들을 통해 역사는 현실에 꼭 필요하진 않지만 알아두면 좋은(?) 일종의 교양으로만 자리 잡았다. 박물관의 박제된 학문이 되어 대중과 멀어진 것이다. 중·고등학생 국사교과서를 몇 장만 읽어 보면 왜 역사가 전공자들의 전유물로만 인식되었는지, 왜 역사가 호랑이 담배 피우던 시절의 한가로운 이야기로 전락하여 대중과 멀어졌는지를 곧바로 알 수 있을 정도로 우리의 현실과 동떨어져 있다.

본래 잉여 농산물이 생기기 전, 평등한 사회였던 원시공동체에서는 이데올로기가 존재하지도 않았고 존재할 필요도 없었다. 왜냐하면 이데올로기란 어떤 이유로든 더 많은 것을 소유하게 된 자들과 그 반대의 입장에 서 있는 사람들이 서로 자신의 입장을 설득하기 위해 만든 논리 체계이기 때문이다.

역사의 중심소재는 추상적인 이데올로기가 아니라 구체적이고 현실적인 문제, 국민들의 먹고사는 문제가 되어야 한다. 역사는 이들이 과거에 어떤 과정으로 소유한 것을 빼앗겼고, 어떤 과정으로 되찾았는지를 끊임없이 묻고 답하는 역사여야 한다.

이러한 질문과 대답이 중요한 이유는 간단하다. 바로 대답 속에 뼈 빠지게 일하고도 천정부지로 치솟는 집값에 절망하는 서민들의 고통을 해결할 답이 들어있기 때문이다.

이제 역사는 '우리의 역사는 찬란했다'라는 추상적인 자부심만을 전해주는 역사에서 탈피해야 한다. 과거를 통해 현재의 삶을 진단하고 그에 대한 해결책을 고민하는 살아있는 역사가 되어야 한다.

과거를 통해 현재를 정확히 진단하고 미래를 예측할 수 있는 역사, 민중의 시각에서 바라보고 그들의 당면한 고통을 해결할 방법을 찾는 역사, 이러한 역사가 되려면 먼저 박물관에 박제된 독수리 마냥 한 발 뒤로 물러나 있는 역사학이 거리로 나와야 한다. 민중이 아파하고, 힘겹게 살아가는 거리로 역사학은 뛰쳐나와야 한다.

최근 들어 진보적인 젊은 학자들은 식민지 사관의 영향에서 자유롭지 못한 기존의 역사학에 조금씩 대항하고 있다. 그들은 역사적 사실들을 새로운 시각으로 재해석하고 고답적인 문헌연구의 한계를 뛰어넘어 사회구조적 분석을 통해 보다 객관적으로 역사적 진실에 접근하려는 많은 움직임을 시도하고 있다.

이 책도 그러한 시도 중 하나다. 다만 역사를 중립적인 지식인의 시각이 아니라 삶의 현장에서 온몸으로 부대끼고 살아온 일반 백성의 시각으로 해석해 보려 노력했다. 원고가 아직 완전하지 않은 상태임에도 서둘러 책을 내게 된 것은 일반 백성의 시각으로 바라보는 역사 해석의 사례를 제시해 보고자 하는 욕심에서다.

기존의 역사해석과 비교해 너무 낯선 것이라 책으로 출판하는데 기존의 출판사들이 난색을 표명했음에도 이 책을 출판하는데 선뜻 응해준 출판사 관계자에게 다시 한 번 감사한 마음을 전한다. 더불어 독자들이 이 책을 통해 현재의 상황을 통찰할 수 있는 안목을 갖는데 조금이라도 도움이 될 수 있기를 기대해 본다.

일러두기

   이 책에 수록된 자료들의 저작권을 확보하기 위해 최선의 노력을 다하였습니다. 다소 오해의 소지가 있을 수 있는 경우 출간 이후라도 계속해서 저작권자의 권리를 보호하기 위한 조치를 강구하겠습니다.

차례

이 책을 읽기에 앞서_역사학이여, 박물관을 박차고 거리로 나오라! • 5

제1부 승자가 왜곡한 역사적 진실들

백제의 의자왕은 삼천 궁녀를 둔 적이 없다 • 17
삼천 궁녀는 완전한 허구_17 / 너무도 억울한 의자왕_19

백제 멸망의 원인은 내부에 있는 것이 아니다 • 23
정복군주 의자왕_23 / 백제 멸망의 결정적 이유_24

삼국통일! 당나라 주연, 신라 조연의 드라마! • 33
당과 신라의 관계_33
삼국통일을 위한 전쟁이 아니라 고구려 정벌을 위한 전쟁_34

신라는 삼국을 통일한 적이 없다 • 40
신라의 삼국통일론은 넌센스_40 / 신라의 삼국통일론이 자리 잡게 된 배경_41
신라의 삼국통일론에 대한 부정적 견해들_44
국사교과서에서 말하는 삼국통일의 의의에 대한 반박_45

김유신, 그는 위대한 장군인가? • 50
천관녀 일화를 통해 바라본 김유신 장군_50 / 고정관념을 깨야 참모습이 보인다_52

노비 신분해방을 외친 만적 • 54
사람이 아니었던 고려시대 노비들_54 / 노비와는 무관했던 광종의 '노비안검법'_55
혁명의 횃불을 치켜 든 노비 만적_56 / 만적의 혁명에 대한 평가_58
만적이 역사적 주목을 받지 못해 온 이유_59

토지개혁을 단행했던 개혁군주 공민왕 • 64
공민왕의 귀국과 개혁의 시작_64 / 원의 몰락 조짐과 공민왕의 과감한 개혁시도_67
공민왕에게 이용당한 신돈_68 / 공민왕의 갑작스런 죽음과 개혁의 좌절_70

백성들의 눈에 비친 신돈은 미륵불이었다 • 72
파란만장한 인생의 주인공, 신돈_72 / 철저한 비주류였던 신돈_73
신돈의 개혁 추진_76 / 위에서 시작한 개혁이 가질 수밖에 없는 한계_77

연산군의 폭정에 맞선 유일한 신하는 선비가 아니라 내시였다 • 84
일곱 명의 왕을 섬긴 내시 김처선_84 / 연산군과 월산대군 부인_86

정여립의 난은 조선왕조 최대의 정치조작사건 • 88
왕위 세습을 부정한 학자, 정여립_88
정여립 사건에 대한 조선왕조의 발표 내용_89 / 정여립 사건의 파장_90
정여립 사건의 조작 의혹_91 / 정여립에 대한 평가_93

선조는 이승만에 버금가는 비열한 군주였다 • 99
임진왜란을 맞은 선조의 나약함과 비겁함_99 / 선조가 의병장들을 죽이려 한 이유_101
의병장 김덕령의 죽음_103 / 이순신 전사설에 대한 의혹_103

광해군은 개혁군주로 재평가 받아야 한다 • 109
광해군에 대한 역사적 오해들_109 / 광해군의 중립 외교_110
광해군의 대대적인 궁궐 복구_112 / 인목대비의 폐비사건_113
인조반정의 실질적 원인_113 / 광해군에 대한 새로운 평가_116
광해군과 노무현의 공통점_117

조선시대 북벌론, 왕권은 안정됐지만 백성들은 더 죽어났다 • 128
인조의 극단적인 반청(反淸)감정이 부른 화_128 / 효종의 북벌 추진_133
북벌에 대한 평가_135 / 북벌이 실패한 이유_136

조선후기의 불운한 혁명가, 홍경래 • 139
홍경래 혁명이 발생하게 된 배경_139
혁명의 기치를 높이 든 홍경래와 농민군_140 / 홍경래 혁명의 역사적 재평가_142

평화통일을 주장해 사형 당한 조봉암 • 146
진정한 중도파 조봉암_146 / 진보당 사건_148 / 중도파의 비극_149

제2부 지배계층이 기만한 역사적 사실들

조선의 신문고, 일반 백성들에겐 그림의 떡이었다 • 155
신문고가 생겨난 배경_155 / 신문고, 일반 백성에겐 '그림의 떡'_156

누가 조광조를 개혁가라 하는가? • 159
힘 있는 신하 박원종, 힘 없는 왕 중종_159 / 중종과 조광조의 동상이몽_160
조광조는 유교 사상의 또 다른 전도사였을 뿐!_163

이율곡은 실제로 10만 양병설을 주장했을까? • 165
시무육조(時務六條)와 비변오책(備邊五策)_165
10만 양병설의 이면에 감춰진 진실_166
서인들의 개인문집에만 언급된 10만 양병설_167

장희빈과 인현왕후의 대결, 권력투쟁의 대리전이었다 • 174
정경유착이 만들어낸 스타, 장희빈_174 / 장희빈 대 인현왕후, 권력투쟁의 대리전_176
숙종이 진정 사랑한 것은 왕권이었을 뿐_179

조선의 암행어사제도, 사실상 무용지물이었다 • 184
암행어사제도의 탄생 배경_184
암행어사가 무용지물이 될 수밖에 없었던 이유_185

양반 의병운동은 진정한 애국운동이라 볼 수 없다 • 189
구한말 양반 유생의 의병운동 양상_189 / 양반 유생 의병운동의 근본적 한계_192

3·1운동의 민족대표 33인, 더 이상 우리의 민족대표가 아니다 • 197
3·1운동이 일어난 배경_197 / 3·1운동의 숨은 희생자, 조선인 고등계 형사 신철_198
3·1운동의 전개 과정_199 / 민족대표 33인의 무책임과 비겁함_200
33인의 변절과 통통을 뒤엎은 만해 한용운_202 / 3·1운동에 대한 냉철한 평가_204
3·1운동이 실패한 내부원인_204 / 3·1운동이 실패한 외부원인_207

조선물산장려운동, 왜 기만적일 수밖에 없었을까? • 213
최초의 국산품 애용운동_213 / 조선물산장려운동과 민족개량주의_214
조선물산장려운동이 실패한 진짜 이유_216

독립협회의 회장은 매국노 이완용이었다 • 224
독립문에 얽힌 웃지 못할 에피소드_224 / 너무나 엽기적인 독립협회 인사들_226
독립협회 주도층의 사상적 한계_228 / 독립협회에 대한 온당한 평가_230

이승만, 우리 현대사를 일그러뜨린 주범 • 235
국사교과서에서 전혀 찾아볼 수 없는 친일 청산 이야기_235
외세에 의해 맞이한 8·15 해방_237
친일파의 든든한 후원자였던 미군정과 이승만 정권_237
반민특위에 대한 이승만 정권의 무자비한 방해 공작_239
프랑스의 나찌 청산과 한국의 친일 청산_244
해방이 되고서도 친일파들이 설쳐댄 세상_245

베트남의 피밭에서 피어난 박정희의 경제개발 신화 • 248
가지 않을 수 없었던 전쟁터_248 / 반외세(反外勢)로 점철된 베트남 역사_251
베트남 민중들의 선택_254 / 객관적 시각으로 바라본 한국의 베트남 참전_255

인혁당 사건은 유신정권 최대의 정치조작 사건 • 263
1, 2차 인민혁명당 사건_263 / 인혁당 사건의 조작 근거_265
억울한 죽음, 뉘우칠 줄 모르는 가해자들_266

이 책을 맺으며_세뇌당한 역사의식에서 탈피하기 • 268

제1부

승자가 왜곡한 역사적 진실들

백제의 의자왕은 삼천 궁녀를 둔 적이 없다
백제 멸망의 원인은 내부에 있는 것이 아니다
삼국통일! 당나라 주연, 신라 조연의 드라마!
신라는 삼국을 통일한 적이 없다
김유신, 그는 위대한 장군인가?
노비 신분해방을 외친 만적
토지개혁을 단행했던 개혁군주 공민왕
백성들의 눈에 비친 신돈은 미륵불이었다
연산군의 폭정에 맞선 유일한 신하는 선비가 아니라 내시였다
정여립의 난은 조선왕조 최대의 정치조작사건
선조는 이승만에 버금가는 비열한 군주였다
광해군은 개혁군주로 재평가 받아야 한다
조선시대 북벌론, 왕권은 안정됐지만 백성들은 더 죽어났다
조선후기의 불운한 혁명가, 홍경래
평화통일을 주장해 사형 당한 조봉암

백제의 의자왕은
삼천 궁녀를 둔 적이 없다

삼천 궁녀는 완전한 허구

660년 7월 18일, 신라와 당의 연합군 18만 명이 사비성까지 밀고 들어왔다. 황급히 왕궁 뒤 부소산으로 피한 삼천 궁녀는 추격해 오는 적군에게 쫓겨 마침내 낙화암에 서게 되었다. 적에게 치욕을 당할 것인가? 죽음을 택할 것인가? 삼천 궁녀는 선택의 기로에서 강물에 몸을 던져 죽음을 택했다. 이것이 우리가 알고 있는 백제의 슬픈 최후다.

삼천 궁녀로 상징되는 의자왕의 사치와 방탕으로 백제는 점점 힘을 잃었고, 마침내 나·당연합군의 침략으로 나라를 잃었다. 이것이 우리가 초등학교 시절부터 배워 온 백제 역사다. 그런데 정말로 의자왕이 삼천 궁녀를 두며 사치와 방탕을 일삼았을까?

결론을 말하면 의자왕의 사치와 방탕의 상징인 삼천 궁녀란 존재

의자왕의 삼천 궁녀가 뛰어 내렸다고 전해진 낙화암 당시의 여러 상황으로 미루어 백제에 삼천 궁녀가 존재했었다는 것은 허구다.

하지도 않았고, 사실과 다르게 왜곡된 허구일 뿐이다.

그렇다면 삼천 궁녀의 존재가 허구라는 근거는 무엇인가?

첫째, 백제 멸망 당시 수도인 사비성 인구는 5만 명에 불과했다. 당시 남녀 구성비를 반반으로 볼 때, 여자는 2만 5천 명이다. 그 중에 궁녀가 될 수 있는 연령대인 15~25세 여자는 몇 명이나 되었을까? 연령대별로 고르게 분포했다고 가정하면 약 4천 명 정도다. 그런데 그 중 3천 명이 궁녀였다? 이것이 말이 되는가? 당시 사비성의 인구를 따져보면 삼천 궁녀는 전혀 근거 없는 허구일 뿐이다.

둘째, 현재 충남 부여에 남아 있는 당시 왕궁 터의 넓이를 따져 봐도 삼천 궁녀의 존재는 허구다. 왜냐하면 당시 왕궁 터의 넓이가 3천 명의 인원을 수용하기엔 턱없이 모자라기 때문이다. 당시에 궁녀가 아무리 공간을 아껴 썼다 해도, 3천 명을 수용할 공간으론 불가능하다.

셋째, 『삼국사기』를 비롯한 역사서 어느 곳에도 의자왕의 삼천 궁녀에 대한 기록이 단 한 건도 없다.

그렇다면 어떻게 삼천 궁녀에 대한 이야기가 생겨났을까?

의자왕과 삼천 궁녀에 대한 이야기가 처음 등장한 것은 천 년이 지난 조선 중기 문인들의 시였다. 하지만 본격적으로 삼천 궁녀의 존재가 대중에게 인식된 것은 일제시대 대중가요에 삼천 궁녀란 가사가 들어가면서였다. 나라 잃은 삼천 궁녀의 비극적인 소재가 일제시대의 우리 정서와 비슷했기 때문에 1960년대까지 애창곡이 되었고, 그런 과정에서 삼천 궁녀는 점차 실존했던 존재인 것처럼 대중의 머릿속에 새겨지기 시작한 것이다. 우연의 소치라 해도 실로 어처구니없는 일이 아닐 수 없다.

너무도 억울한 의자왕

삼천 명의 궁녀를 둔 왕이 주는 이미지는 어떤 것일까? 당연히 사치와 방탕, 그리고 백성과 멀어진 왕이라고 느낄 것이다. 그런 점에서 보면 의자왕은 너무도 억울한 왕이다. 실제로 존재하지도 않았던 삼천 궁녀로 인해 대부분의 사람들은 의자왕을 늘 사치와 방탕을 일삼은 왕의 대명사로 인식하고 있기 때문이다.

실제로 의자왕은 어떠했을까? 백제가 멸망할 당시 의자왕의 나이는 이미 60세가 넘었다. 그런데 60세가 넘기 전 그가 방탕했다고 하는 내용은 역사서 어디에도 언급된 적이 없다. 오히려 『삼국사기』에서 '의자왕은 과단성 있고 용감한 왕, 신중하고 사려 깊은 왕'으로 묘사하고 있다. 그렇다면 의자왕은 60세가 넘어 치매에 걸려 방탕했단 말인가?

그가 어떤 왕이었는지를 간접적으로 알 수 있는 사례가 있다.

첫째, 충남지방에서 구전으로 전해지는 백제 노래 '산유화'가 있는데, 이 노래는 백제 유민들이 당으로 끌려간 의자왕을 그리워하며 부른 노래라 한다.

둘째, 금강 어귀에 있는 유왕산留王山의 전설이다. 백제가 멸망한 후 의자왕과 태자 융이 1만 2천 명의 백성과 함께 당으로 끌려갈 때 이 산에서 머물렀고, 왕이 머문 산이라 해서 이름을 유왕산으로 붙였다고 한다. 이 때 백제 백성들은 이 산에서 의자왕을 붙들고 통곡을 하였으며 의자왕은 그들을 위로했다. 또한 당으로 잡혀가는 의자왕을 사비성의 관문인 구드래 나루에서 금강을 따라 유왕산까지 뒤따르며 통곡 속에 길을 배웅했다고 한다.

셋째, 백제는 멸망하던 때까지도 부강한 나라였다. 부여의 중심 사찰이었던 정림사는 백제가 멸망하던 날 불에 타 없어지고 석탑만 남아 있다. 그 석탑에 당시 백제의 인구가 적혀 있는데 그 숫자가 무려 600만 명이다. 당시는 인구가 그 나라의 부와 힘을 가늠할 수 있는 중요한 기준이 될 수 있었다.

그가 사치하고 방탕했던 왕이었다면 백제의 백성들이 당에 포로로 잡혀가는 의자왕의 뒤를 따르며 통곡했을까? 그리고 그를 그리워하는 노래가 생겨났을까? 더구나 그가 다스린 나라가 그토록 부강할 수 있었을까?

의자왕이 방탕하고 사치했다고 하는 것은 잘못 전해진 역사다. 그는 백제의 왕으로서 백성들의 존경과 사랑을 받는 존재였던 것이다.

덧붙여 읽기

사서 지상주의史書 至上主義

역사를 규명할 때, 우리가 그 시대에 살았던 것도 아니고 또 타임머신을 타고 과거로 돌아가서 그 시대의 사람들을 직접 만나볼 수도 없기에 그 시대를 살았던 사람의 기록인 사서史書는 사실을 규명할 때 중요한 판단자료가 될 수 있다.

하지만 사서에 대한 맹신은 정확한 사실 규명을 위한 올바른 방법이 아니다. 그 시대를 살았던 역사가가 기록한 역사라 할지라도 주관이 개입할 수 있으며, 한 시대의 평가를 개인의 기록에만 의존한다는 것은 객관적일 수 없기 때문이다.

1980년, 5·18 광주민주화운동 당시 정부의 발표문을 500년 후 역사가들이 판단한다고 생각해 보라. 사서가 된 당시 정부의 발표문만으로 판단하면 그것은 영락없는 폭동이며, '일부 불순분자들이 정부를 뒤엎기 위해 일으킨 난동이었다'고 평가할 것이다. 왜냐하면 당시 정부의 계엄 포고문이 다음과 같이 기록하고 있기 때문이다.

"친애하는 광주 시민 여러분! (…중략…) 이들 불순분자들은 사태를 악화시키기 위해 지역감정을 유발하는 터무니없는 유언비어를 조작, 유포, 선동하고, 국가기관과 공공시설을 파괴, 방화함은 물론 심지어는 군경과 예비군 무기까지 탈취, 무차별 사격을 가함으로써 귀중한 인명 피해를 발생시키는 만행을 자행하고 있는 것입니다. 이들 불순분자들이 자행하고 있는 행위는 국법을 어기고 있음은 물론, 결과적으로 국기를 뒤흔드는 반란 행위에 해당되는 것입니다."

더욱이 삼국의 역사를 기록한 『삼국사기』도 김부식이 1145년에 기록한 책이다. 백제가 멸망한 후 무려 485년 뒤에 기록한 책이라는 말이다. 그런데도 『삼국사기』에 기록된 사실이 삼국에 대한 가장 정확한 기록이라고 믿는 것은 어처구니없는 생각이다.

사서는 역사 연구의 중요한 자료일 뿐이며, 사서에 기록되어 있는 것만을 역사로 인정해야 한다는 주장은 비과학적이며 식민 사관의 잔재일 뿐이다.

백제 멸망의 원인은 내부에 있는 것이 아니다

정복군주 의자왕

나·당 연합군에게 사비성을 빼앗긴 백제는 의자왕이 당의 장군 소정방과 신라의 김춘추에게 무릎을 꿇고 술을 따르며 항복했다. 결국 700년 제국 백제는 비참한 결말을 보았고, 의자왕은 실패한 군주로 역사에 기록되고 있다. 의자왕은 방탕과 사치뿐만 아니라 무능했던 왕으로 평가되었고, '실패한 군주' 의자왕이 백제 몰락의 결정적인 원인인 것처럼 알려졌다.

지금까지 알려져 온 대로 의자왕은 실제로 무능한 왕이었을까?
의자왕은 40세가 넘어 즉위했다. 그런데 왕이 되기 전 신라와 고구려를 상대하면서 전쟁과 외교에 적극적으로 참여했고, 이를 바탕으로 많은 경험을 쌓고 높은 식견에 도달했던 준비된 왕이었다. 의자왕은 즉위 초부터 신라 정복에 나섰다. 그는 왕으로 재임한 20년 동안 신라에 열번이나 대규모의 정벌을 시도했던 정복군주였다.

그런데 대규모 정벌에 나선다는 건 의욕만으로 가능한 일이 아니다. 우선 대규모 군사를 모으려면 막대한 비용이 필요하기 때문에 국가경제가 안정되어야만 가능한 일이다. 뿐만 아니라 정벌 중에 국내 반란을 염려하지 않을 수 있을 만큼 통치 체제가 안정되어 있어야 한다. 특히 정복전쟁에서 패하게 되면 정권몰락을 가져오기 쉽다. 중국을 통일했던 막강한 수도 무리하게 고구려 정벌에 나섰다가 실패하면서 몰락의 길을 걷게 되었다. 따라서 의자왕 통치 시절의 백제는 경제적으로 안정된 나라였고, 통치체제도 안정된 상태였다고 보는 것이 타당하다.

또한 당시 전쟁은 칼과 화살로 싸우는 원시적인 전쟁이었다. 백성의 숫자가 국력이었던 점을 고려하면, 백제 멸망 당시 백제 인구가 600만 명이었다는 사실은 신라에 비해 국력이 훨씬 강한 나라였다는 것을 짐작케 해준다. 만일 의자왕이 사치와 향락에 빠진데다 무능하기까지 한 왕이었다면 백제 멸망 시에 인구가 600만 명이나 된다는 건 사실상 불가능한 일이다.

백제 멸망의 결정적 이유

백제는 열번이나 신라 정벌에 나설 정도로 부강한 나라였고, 멸망 당시에도 신라의 국력을 훨씬 앞지르고 있던 막강한 국가였는데 어찌

하여 멸망하였을까? 앞서 말한 대로 의자왕의 사치와 방탕으로 내부 혼란이 일어나 멸망했다는 것은 전혀 사실이 아니다.

그러면 700년 제국 백제가 멸망하게 된 결정적인 원인은 무엇인가? 그것은 의자왕의 통치 속에 부강했던 백제도 당과 신라의 연합군을 막아내기에는 역부족이었기 때문이다. 오늘날로 치면 어떤 나라도 미국을 상대로 한 전쟁에서 이길 수는 없다고 보는 것과 같은 상황이었던 것이다. 따라서 당과 대립노선을 택한 의자왕의 선택이 백제 멸망의 결정적 원인이었던 것이다.

왜 의자왕은 당과 대립노선을 취하게 되었을까? 당시 당은 고구려 정벌을 위한 후방 병참기지를 확보해 남북에서 협공하려는 전략을 가지고 있었다. 그래서 당은 백제와 신라를 고구려 정벌을 위한 후방 병참기지로 이용하길 원했고, 두 나라의 전쟁을 원치 않았다.
이로 인해 의자왕은 당의 요구대로 신라에 대한 공격을 포기하고 고구려 정벌을 위한 후방기지 역할을 할 것인가, 아니면 요구를 무시하고 한강유역 새탈환을 위해 신라 공격을 계속 할 것인가 하는 두 가지 선택의 기로에 서게 되었다. 여기서 그는 당의 요구를 무시하고 신라를 계속 공격 할 것을 선택하였고, 그로 인해 당과 적대적 관계가 된 것이다.

백제 금동 대향로 찬란한 문화를 꽃피우며 강성했던 백제가 멸망하게 된 원인은 의자왕의 실정이 아니라 당시 강대했던 당과의 전쟁에서 중과부적으로 인해 패한 것이 주된 이유였다.

그렇다면 왜 의자왕은 당과 적대적관계에 서게 되는 위험한 길을 선택하였는가? 그것은 두 가지 이유가 있다.

첫째, 한강유역은 백제의 발상지인데다가 고구려에게 빼앗긴 것을 신라와 연합하여 탈환하였으나, 신라의 배신으로 신라에게 다시 빼앗겼다. 따라서 한강유역 재탈환은 의자왕뿐만 아니라 온 국민의 의지이자 숙원사업이었고, 이 지역은 포기할 수 없는 지역이었다.

둘째, 의자왕은 당과 고구려 두 나라가 대등한 힘을 갖고 맞서고 있는 것으로 파악하였다. 그래서 당과 적대적인 관계가 된다 해도 고구려와 연합전선을 펴기만 하면 충분히 맞설 수 있다고 판단하였다.

그러나 의자왕의 판단은 빗나갔다. 고구려는 내분으로 인해 이미 당과 맞설 만큼 힘이 있는 나라가 아니었다. 당의 국력은 고구려를 압도하고 있는 상태였던 것이다. 그래서 고구려는 당의 침략을 막는 방파제 역할을 할 입장이 못 되었고, 백제는 당의 침략에 속수무책일 수밖에 없었다.

즉, 백제가 멸망하게 된 가장 근본적인 원인은 당과 적대적 관계가 된 상태에서 당을 견제할 고구려의 힘이 이미 너무 약해져 있었다는 데서 찾을 수 있다.

그러면 백제 멸망의 원인이 의자왕의 방탕과 사치로 인한 내분으로 초점을 맞춘 이유는 무엇이었을까?

역사는 승자의 기록이기 때문이다. 당과 신라는 백제를 멸망시킨 것에 대해 나름대로 명분이 필요했고, 의자왕이 사치와 방탕을 일삼은 왕이었다는 조작을 했던 것이다. 더욱이 해방 이후 계속된 독재정권들은 다양한 비판의 의견들을 국론 분열로 몰아붙였고, 정권에 반발하는 것은 국민통합을 깨는 행위로 몰아붙였다. 그들에게 '의자왕의 사치와 방탕으로 내부 분열이 일어나 멸망했다'는 백제 멸망사(滅亡史)는 자신들의 독재를 합리화시킬 수 있는 최고의 홍보 소재였기 때문이다.

아빠가 딸에게 들려주는 역사 이야기

역사를 바라보는데 필요한 최소한의 사회과학적 배경지식
: 도덕과 환경의 관계

정은 친일사학자들이 금과옥조처럼 삼았다는 '사서 지상주의史書 至上主義'란 것이 무엇인지 궁금해요.

아빠 사서 지상주의란 사서史書에 기록되어 있는 것만을 역사로 인정해야 한다는 주장이야.

정은 그런데 왜 아직도 이런 사서 지상주의에 매달리는 역사학자들이 있을까요?

아빠 역사는 할아버지가 들려주는 단순한 옛날이야기가 아니라 과거를 통해 현재를 진단하는 사회과학이기 때문에, 역사를 연구하려면 사회과학적 배경지식이 있어야 하는데 이 사람들은 그런 최소한의 배경지식도 갖추어지지 않은 상태에서 역사를 연구하기 때문이지.

정은 그럼 역사를 연구하는데 필요한 배경지식이 어떤 것인지 예를 하나만 들어주세요.

아빠 간단한 예를 하나 들어볼께. 에스키모인들은 절친한 친구가 방문하면 자기 아내를 그 친구와 동침하도록 하는 관습이 있단다. 그런데 이런 관습에 대해 정은이 생각은 어때?

정은 말도 안 되는 짓이죠. 에스키모인들은 모두 변태인가 봐요.

아빠 그런데 에스키모인들을 변태라고 욕하기 전에 두 가지를 먼저 생각해 봐야 한단다.

첫째, 에스키모인과 한국인의 도덕은 다를 수 있다.

둘째, 에스키모인들의 도덕과 한국인의 도덕이 다르다면 그 이유는 무엇인가?

에스키모인들의 도덕과 한국인들의 도덕이 다르며, 도덕이 다른 이유는 생활환경이 다르기 때문이란다. 쉽게 설명해 볼게.

에스키모인들은 아빠가 사냥을 해서 먹고 사는데, 사냥을 하다가 길을 잃거나 혹은 곰을 사냥하다가 목숨을 잃는 사고도 많이 나겠지? 그런데 한국 같으면 아빠가 죽을 경우에 엄마가 식당에 나가거나 파출부라도 하면 가족들이 먹고 살 수 있지만, 에스키모인들의 환경에서는 엄마가 사냥을 하거나 파출부를 해서 가족들을 먹여 살리는 것이 거의 불가능하겠지? 그래서 아빠가 사냥을 하다가 사고로 목숨을 잃으면 엄마와 잠을 잔 아빠의 절친한 친구가 생계를 돕는단다. 그러니까 에스키모인들에게 그런 관습은 일종의 보험인 셈이야. 우리식으로 말하면 그런 관습은 위험하고 힘든 상황에서 서로 도울 것을 약속하는 의형제 관계를 맺는 것이지.

그런데 이런 관습은 몽골에서도 있었고, 또 우리나라도 몽골의 지배를 받았던 고려말에는 함경도 지방에서 이런 관습이 있었단다. 그러니까 서로 다른 민족들 간에 환경의 차이가 도덕의 차이를 가져온다는 사실을 인정하지 않으면 서로의 관습을 욕하고 멸시하면서 갈등을 빚게 될 가능성이 많아지는 것이지. 1880년대에 미국을 방문했던 조선의 사신이 길에서 키스하는 남녀의 모습을 보면서 미국은 미개한 나라라고 욕했던 것도 이런 인식의 부족 때문이었던 것이지.

하늘나라에서 나눈 대화

의자왕 Vs 계백 장군

계 백 폐하! 면목이 없습니다. 황산벌 전투에서 이기기만 했어도…….

의자왕 이보게, 계백! 달랑 5천의 병사만으로 5만의 신라군과 맞선 싸움에서 버텼다는 것만으로도 자네는 명장이야.

계 백 하지만 그 전투에서 제가 지지만 않았더라면 폐하와 우리 백제의 백성들이 당에 끌려가 그 모진 고생을 하지 않았을 것입니다. 정말 눈물이 앞을 가립니다.

의자왕 그만 울게나. 백제가 멸망한 게 어찌 자네 탓이겠는가! 모두 내가 국제정세를 오판한 탓이지.

계 백 폐하, 그 무슨 말씀을…….

의자왕 내 판단이 잘못됐어. 당이 고구려 정벌을 위해서 우리 백제에게 병참기지 역할을 요구할 때 내가 그 요구를 받아들였더라면 이 같은 참담한 결과는 없었을 것이 아닌가.

계 백 그런데 어이하여…….

의자왕 그때 당은 고구려 정벌을 위한 후방 병참기지로 신라와 백제 모두를 활용하려고 했었지. 그래서 당이 우리더러 신라 공격을 중지하고 신라와 연합해서 병참역할을 하라는 거야. 그러니 내가 그 요구를 어떻게 받아들이겠나? 신라에게 빼

	앗긴 한강 유역 회복은 우리 백제의 숙원사업이었는데…….
계 백	정말 어려운 상황이었사옵니다.
의자왕	그래, 내가 오판한 거지. 하지만 당시에는 나름대로 방법이 있다고 생각했지. 고구려와 연합하면 당을 막아낼 수 있을 거라 생각했다네.
계 백	그러니까 당과 맞서고 있는 고구려와 연합하면, 고구려와 당의 힘이 비슷하고 신라보다는 우리가 훨씬 강했으니까 아무 문제없다고 판단하셨다는 말씀 아니옵니까?
의자왕	바로 그러하네! 그런데 고구려가 겉보기와 다르게 이미 상당히 약해져 있었다는 게야. 그래서 당이 우리를 침략할 때 고구려는 우릴 지원할 여유가 없었던 것이고. 그러니까 고구려의 힘을 과대평가한 내 판단의 실수가 백제의 멸망을 부른 셈이지.
계 백	폐하께서 오판을 하셔서 백제가 멸망했어도 훌륭한 임금이셨사옵니다. 폐하께서 당으로 끌려갈 때 백성들이 유왕산까지 따르며 눈물로 배웅을 한 사실은 모두가 알고 있는 일이옵니다.
의자왕	허허~ 이 사람, 정보가 어둡구만. 후세의 역사가들은 내기 술과 향락에 빠져서 백제를 멸망시켰다고 떠들고 있네.
계 백	아니, 어떤 놈들이 그런 소리를 하옵니까?
의자왕	허허~ 원래 그런 걸세. 패자는 늘 죽일 놈이 되는 법이지.
계 백	그래도 감히 어떻게! 폐하께서 왕위에 오른 뒤 신라와 전쟁

하느라 궁궐보다 전쟁터에서 주무신 적이 더 많았던 걸 모두가 아는데……. 폐하께서 술과 향락에 빠질 시간이나 있으셨사옵니까? 그리고 폐하께서 백성을 안 돌본 분이었다면, 백성들 사이에 당에 끌려간 폐하를 그리워하는 노래가 생겨났겠사옵니까?

의자왕 이제 와서 이런 말을 하면 뭐하겠나! 나라 잃은 임금이 무슨 할 말이 있겠어. 자네가 황산벌 전투에 나가면서 식구들을 모두 죽이고 나갔다는 말을 듣고 자네 식구들을 죽인 건 자네가 아니라 바로 나라고 생각했다네.

계 백 폐하! 어찌 그런 말씀을…….

의자왕 내 판단착오로 당의 침략이 있었고 모두 그로 인한 비극이 아니었겠는가? 그러니 자네 식구들을 죽인 건 바로 나인 셈이지. 자네 볼 면목이 없네.

삼국통일! 당나라 주연, 신라 조연의 드라마!

당과 신라의 관계

지금까지 우리 역사는 신라가 당을 끌어들여 백제와 고구려를 멸망시키고 삼국통일을 이루었다고 서술해 왔다. 신라가 삼국통일을 주도했다고 가르쳐온 것이다.

과연 그럴까? 660년의 백제 공격은 당이 고구려 정벌을 위한 후방 병참 기지 확보를 위해 백제를 멸망시키려 한 것이었다. 그리고 668년에 당은 고구려를 멸망시킴으로써 고구려 정벌의 막을 내렸다.

이 과정에서 신라는 당의 병참기지 역할을 했었다. 걸프전에서 이라크 침공을 위해 미군에게 후방 병참기지 역할을 한 쿠웨이트와 큰 차이가 없는 역할이었다. 이 사건에 대해 정확히 인식하려면 먼저 당과 신라의 관계가 어떠했는지를 살펴볼 필요가 있다.

당시 신라는 하루하루가 늘 불안한 나라였다. 한강 유역에서 백제의 지속적인 도발에 시달리면서도 전면전을 벌일 엄두도 내지 못하는 힘없는 나라였다. 동시에 당과 맞서고 있는 한반도 최강자 고구려도 신라에게는 늘 위협적인 존재였다. 삼국 중 국가 규모와 인구 면에서 절대적으로 열세였던 신라에게는 장기적으로 스스로 힘을 길러 해결하려 들기엔 상황이 너무 급박했던 것이었다. 그래서 신라는 외교 관계를 통해 안전을 확보하려 했고, 동북아시아의 강자인 당과 우호관계를 맺는 일에 국운을 걸게 되었다. 신라는 당의 보호를 받기 위해 당의 제도를 받아들이고, 복식과 연호까지도 바꾸었다. 심지어 진덕여왕은 자신이 직접 당을 찬양하는 시를 써서 바치기까지 하였다.

결국 신라는 당에게 철저한 사대정책을 취하고 있었고, 당과의 관계 단절은 곧 신라 멸망을 초래할 수도 있는 절박한 상황이었다. 이런 맥락에서 보면 신라가 당을 끌어들였다고 주장하는 것은, 애국인 것으로 착각한 데서 나온 오류일 뿐이다.

정확히 인식해야 할 사실은 당이 고구려 정벌을 위해 신라에 후방 병참기지 역할을 요구했었고, 신라가 그 요구에 적극적으로 응하고 나섰다는 것이다.

삼국통일을 위한 전쟁이 아니라 고구려 정벌을 위한 전쟁

당시 동북아시아의 세력판도는 초강대국인 당과 한반도 최강자인 고구려가 팽팽히 맞서고 있는 형국이었다. 이러한 국제정세 속에서 당은 고구려를 남북 양쪽에서 공격하는 전략을 택하였고, 이를 위해 신라에게 고구려 정벌을 위한 후방 병참기지 역할을 요구한다. 앞에서 언급했듯이 신라는 당의 요구를 거부할 입장도 아닌데다 당이 고구려를 정벌하는 것은 손해날 것이 없었으므로 적극 협조하였다. 사실상 신라는 당을 끌어들여 주도적인 역할을 할 수 있는 입장도 아니었고 또 그럴만한 힘도 없었다.

역사는 나·당 연합군에게 백제와 고구려가 멸망했다고 기록하고 있다. 그러나 사실 신라는 당의 물자를 보급하는 병참 역할만을 주로 했고, 실제로 신라가 참전해 전투를 한 것은 황산벌에서 백제의 계백 장군과 전투를 벌인 것이 처음이자 마지막이다. 고구려와 벌인 전쟁도 나·당 연합군이 한 것은 아니었다. 신라는 한 번도 고구려와의 전쟁에 참전한 적이 없었다.

신라가 삼국통일을 주도했다고 보기 힘든 분명한 이유는 두 가지다.
첫째, 신라가 고구려와 전쟁한 적이 없고, 백제와 벌인 전쟁도 황산벌 전투가 유일하다는 점이다. 상식적으로 전쟁에 참전하지 않은 나라가 주도권을 가질 수 있을까? 더구나 참전하지도 않은 약소국이 혼자서 전쟁을 치른 강대국에게서 주도권을 가져온다는 것은 불가능한 일이다.

둘째, 당은 660년에 백제를 멸망시킨 후 백제 통치를 위해 웅진도독부를 설치했고, 신라는 그것에 대해 별다른 반응을 보이지 않았다. 신라 주도의 삼국통일이었다면 과연 이것을 신라가 당연한 것으로 받아들였겠는가? 또한 고구려를 멸망시킨 후 668년에 안동도독부를 설치했고, 이에 대해서도 신라는 당의 조치에 대해 아무런 이의제기를 하지 않았었다. 신라 주도의 삼국통일이었다면 신라가 이것을 그대로 인정할 수 있었겠는가?

결국 신라는 당이 백제와 고구려를 통치하는 것을 모두 인정했었던 것인데, 이것은 반대로 말하면 당이 주도권을 쥐고 있었고 신라는 당의 보조 역할만을 했다는 것을 의미한다. 백제 멸망 후 16년 동안, 그리고 고구려 멸망 후 8년 동안 백제와 고구려는 당의 영토로 편입되어 당이 통치했고 신라는 그것을 당연한 것으로 인정했었다. 만일 신라가 당을 끌어들여 삼국통일을 위해 벌인 전쟁이었다면 도저히 있을 수 없는 일이 아닐까?

676년에 신라가 당과 전쟁을 벌인 것도 당이 백제와 고구려 땅을 전부 차지한 것에 대한 반발에서 시작된 전쟁이 아니었다. 그 발단은 당이 마침내 신라 땅에도 계림도독부를 설치하여 신라를 통치하려 했기 때문이었다. 신라 입장에서는 당을 도와 백제와 고구려를 무너뜨리고 나니 이제는 자기들까지 먹겠다고 덤벼드는 상황이 된 것이었다.

만주 길림성에 있는 고구려 장군총
신라는 강성했던 옛 고구려 영토를 회복하지 못했을 뿐만 아니라 고구려를 멸망시키기 위한 어떤 전쟁도 치르지 않았다.

그리하여 신라는 고구려와 백제의 유민들을 지원하며 당에 대항하는 연합전선을 통해 전쟁을 했고, 당을 옛 백제 땅에서 몰아내고 대동강 이북까지 영토를 회복한 것이다. 물론 고구려 땅은 거의 회복을 하지 못하였고, 결국 신라가 백제를 통합한 결과가 된 것이다.

그렇다면, 왜 신라는 당을 계속 몰아붙여 고구려 땅까지 회복하지 못했을까? 사실상 전력을 객관적으로 비교해 볼 때, 신라는 당과 상대가 되지 않았다. 따라서 당을 백제 땅에서 몰아내는 것만으로도 힘에 부치는 일이었던 것이다. 힘의 열세에도 불구하고 당시 당에 대한 강한 적대감을 기반으로 한 거족적인 항쟁의식 덕분에 당을 대동강 이북으로 몰아낼 수 있었다. 하지만 그 이상은 무리였던 것이다.

이 모든 정황을 종합해보면 신라가 삼국통일을 위해 당을 끌어들인 것이 아니라, 당이 고구려 정벌을 위해 신라를 끌어들인 것이 당시 상황의 본질이었던 것이다.

올바른 역사인식을 가로막는 최대의 적

한국이 외환위기를 겪으며 IMF의 통제를 받던 10년 전의 일이다.
서울 시내의 한 주유소에서 '외제차에 기름을 판매하지 않겠다'고 하자 서울시내 대다수의 유흥업소에서 '외제담배를 피는 손님에게는 술을 팔지 않겠다'고 선언했다. 이것이 언론에 보도되자 국민 모두가 국가위기를 타개하기 위해 팔을 걷어붙였고 이에 동조하는 분위기가 확산되어 갔었다. 그러나 이런 맹목적 애국주의는 불필요한 마찰을 가져오고 수출에 전적으로 의존하고 있는 한국경제에 치명타가 되기 쉽다. '내 것은 팔고 남의 것은 사지 않겠다'는 비합리적인 태도가 해외에서 한국제품 불매운동 분위기를 조성할 수 있기 때문이다.

1970년대만 해도 국내에서 한국과 일본의 축구경기가 있으면 관중은 일본 선수에게 야유를 보내며 적대적인 태도를 보내는 일이 흔했고, 이러한 반일감정의 표현이 마치 애국적인 것처럼 이해되었다. 그러나 일본에서 TV로 이 장면을 보는 재일교포들은 다음날 하루 종일 조심해야 했었다.
국가간의 관계도 개인간의 관계와 다르지 않다. 자신을 과대평가하는 것은 위상을 올리는데 전혀 도움이 되지 못한다. '신에게 선택받은 민족'이라는 유태인의 선민사상은 오히려 유태인에 대한 반감만을 키웠다는 것을 명심할 필요가 있다.

자랑스럽던 그러지 못하던 부모는 부모로 인정하고 받아들여야 한다. 역사도 마찬가지다. 자랑스럽던 부끄럽던 어쨌든 우리가 인정하고 받아들여야 하는 우리의 역사다. 우리의 과거를 사실과 다르게 미화하거나 과장하는 맹목적 애국주의는 우리를 조롱거리의 대상으로 만들며, 과거의 정확한 상황 파악을 방해할 뿐이며, 그로 인해 우리는 역사에서 배워야 할 교훈을 얻지 못하는 것이다.

신라는 삼국을 통일한 적이 없다

신라의 삼국통일론은 넌센스

당은 고구려와 백제를 멸망시킨 뒤 신라에도 계림도독부를 설치하여 통치하려 들었다. 백제와 고구려의 통치가 확고해졌다고 판단하자 신라에도 칼을 들이댄 것이다. 신라 입장에서는 고구려를 정벌하려는 당의 계획에 협조했지만 당에게 뒤통수를 맞은 것이다.

그리하여 신라는 자주권 수호를 위해 당과 전쟁을 시작했다. 신라는 매소성에서 당의 20만 대군을 격파해 전쟁 주도권을 잡은 후 금강 하구의 기벌포에서도 당 수군을 격파하고, 676년에 당을 대동강 이북까지 몰아내는 것으로 전쟁을 마무리 짓는다. 결국 당이 고구려를 정벌하기 위해 시작한 16년간의 전쟁으로 백제는 신라가, 고구려는 당이 차지한 것이다. 정확히 말하면 신라는 백제를 통합해 영토를 넓힌 것이고, 당은 애초 의도대로 고구려를 정복하는 데 성공한

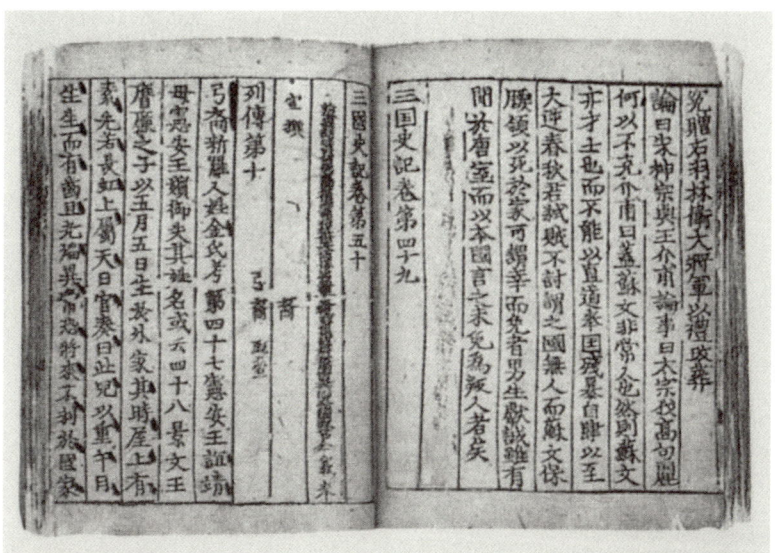

김부식의 『삼국사기』 신라의 후예인 김부식은 신라가 삼국을 통일했다고 기록했지만 그것은 진정한 의미에서 통일이 아니었다.

것이다. 그런데 이것이 어떻게 해서 신라 삼국통일이라 정의할 수 있는가?

신라의 삼국통일론이 자리 잡게 된 배경

1145년, 김부식이 쓴 『삼국사기』는 김유신이 이룩한 신라 삼국통일을 대단히 긍정적으로 묘사하였다. 그리고 조선시대에도 『삼국사기』에 기록된 신라 삼국통일에 대한 평가를 그대로 수용하였다. 그런데 중요한 사실은 김부식이 신라 문벌귀족 출신으로서 삼국통일에 대한 기록을 객관적으로 기록할 수 없는 입장이었다.

1910년, 경술국치 이후 일본은 조선을 효과적으로 통치하기 위해 역사를 말살하기 시작했다. 특히 고대사와 관련된 서적을 전국적으로 수거해 불태웠는데 무려 20만 권이나 되었다 한다. 그런데 이 때 일본이 그대로 남겨둔 책이 바로 『삼국사기』다. 일본은 자국 역사학자들을 동원해 조선 역사에 대한 왜곡작업에 몰두하였다. 그래서 일본 역사학자 하야시 아리스케가 『조선사』라는 저서에서 '신라 삼국통일'로 정의 내린 것을 친일사학자들이 비판 없이 수용하였고 '신라 반도 통일론'으로 정착한 것이었다.

덧붙여 읽기

일본의 조선사朝鮮史 말살 시도

1910년, 경술국치 직후 일본은 조선총독부 취조국의 주도로 경찰을 동원하여 전국적으로 고대사 관련서적 강탈에 나섰다. 그들은 전국 서점과 서원, 향교, 양반들의 서고를 뒤져 강탈한 역사자료를 분류해 자신들에게 필요한 것만 남기고 모두 불태워 버렸다. 해방 이후 발간된 『제헌 국회사』에서는 그 당시 불태워 없앤 책이 20만 권에 달하는 것으로 추정하고 있다. 고대사 연구의 귀중한 자료가 될 수 있는 장지연의 『대한신국지』, 신채호의 『을지문덕』이 이때 불태워졌다.

1922년, 조선총독인 '사이토 마코토'는 조선역사 왜곡작업인 『조선사』 편찬을 독려하며 '조선 교육시책 요령'을 이렇게 지시했다.

"먼저 조선 사람들이 자신의 일, 역사, 그리고 전통을 알지 못하게 하라. 그럼으로써 민족혼과 민족문화를 상실하게 하고, 조상의 무능과 악행을 들추어내 그것을 과장하여 조선인 후손들에게 가르쳐라. 조선인 청소년에게 그들의 조상을 경시하고 멸시하는 감정을 일으키게 하여 하나의 기풍으로 만들어라. 그러면 조선인 청소년들은 자국의 모든 인물과 서적에 대하여 부정적인 생각을 갖게 될 것이며, 반드시 실망과 허무감에 빠지게 될 것이다. 그때 일본의 사적, 문화, 그리고 일본의 위대한 인물들을 소개하면 동화同化의 효과가 클 것이다. 이것이 대일본제국이 조선인을 반半일본인으로 만드는 요령이다."

8·15해방 이후 친일 역사학자들이 여전히 우리나라 사학계의 중심인물로 자리 잡아 국사편찬위원회를 비롯한 교육부까지 장악하면서 신라 삼국통일론이 국사교과서에 실리게 되었고, 이에 대한 비판의 의견은 설 자리가 없었다.

더욱이 1960년대 이후 반공과 남북통일을 국가 과제로 정한 박정희 정권은 신라 삼국통일을 미화하고 김유신을 성역으로 만들었던 것이다. 뿐만 아니라 신라 후손이 경상도 사람이라는 잘못된 지역감정을 자극하여 신라 삼국통일론은 국민 역사의식 속에 완전히 자리 잡게 된 것이다.

신라의 삼국통일론에 대한 부정적 견해들

19세기 후반 유득공은 『발해고』에서 한반도의 판도가 고구려, 백제, 신라의 삼국 체제에서 발해와 신라의 남북국 체제로 변화한 것으로 파악하고 신라 삼국통일론을 회의적인 시각으로 보았다. 그리고 김정호는 『대동지지』에서 고려가 남북국을 통일한 최초의 통일왕조라 주장하며, 신라 삼국통일론을 전면으로 부정하였다. 이후 신채호는 역사의 중심을 민족과 민중에 둔 독특한 시각으로 김부식의 『삼국사기』가 갖고 있던 사대성과 봉건성에 대한 비판을 하며, 신라 삼국통일론에 대한 비판을 체계적으로 다루었다. 즉 676년에 백제를 통합한 신라와 698년에 고구려의 전 영토를 회복하며 고구려를 계승한 발해, 두 나라의 남북국 시대를 인정하였다. 그러나 일제 치하에서 이들의 주장은 파묻혀 버렸고, 하야시 아리스케의 '신라 삼국통일론'을 친일 사학자들이 '신라 반도통일론'으로 계승하였다.

일본인 역사가들이 신라 삼국통일론을 주장한 이면에는 숨겨진 의도가 있었다. 그것은 만주를 평정한 발해 역사를 한국사로부터 분리시키려는 것이었다. 신라 삼국통일론을 인정하면 발해는 우리 민족의 역사가 아닌 것이 되기 때문이다.

국사교과서에서 말하는 삼국통일의 의의에 대한 반박

신라 삼국통일의 의의를 국사교과서에서는 다음과 같이 말하고 있다.

첫째, 고구려, 백제, 신라로 나뉘어 각기 다른 체제와 서로 다른 문화 속에서 살아가던 사람들이 하나의 체제 속에서 하나의 문화를 누리며 살아가게 됨에 따라 민족공동체를 형성하였다.

둘째, 정치, 경제의 규모가 배가하면서 국제사회에서 신라의 위상이 커졌다.

셋째, 민족공동체를 형성하고 배가된 국력을 바탕으로 화려한 문화가 꽃피게 되었다.

첫 번째 의의를 반박하면, 백제는 신라에 통합되었지만, 고구려는 668년에 당에 점령된 이후 30년간 당의 통치하에 놓여 있다가 마침내 698년에 당을 몰아내고 발해로 독립을 하였다. 따라서 하나의 체제 속에서 살게 된 것이 아니라 남북국으로 나뉘어져 두 개의 체제 속에서 살게 된 것이다.

둘째, 셋째 의의를 반박하면, 신라 삼국통일은 신라 기득권자들의 시각이고, 동시에 당시 백성들의 고통을 고려하지 않은 단편적인 역사관일 뿐이다.

당시 민중들의 시각에서 바라본 의의는 무엇일까? 그것은 너무나 간단하다. 몇 백 년째 민중들의 삶을 고단하게 한 정복전쟁이 끝난 것 뿐이다. 어찌 보면 왕과 기득권층의 정복욕구로 당시 민중들은 수백 년째 피곤하고 고단한 삶을 살아왔으며, 전쟁에서 승리해도 민중들의 혜택은 자기 목숨을 건졌다는 것 이외에는 별다른 것이 없었다. 이러한 점을 생각하면 삼국통일을 꿈꾸었던 당시 왕들과 귀족들의 야심이 백성들에게는 늘 불행을 가져다준 재앙의 씨였던 것이다.

하늘나라에서 나눈 대화

소정방 Vs 김유신

소정방 이보게, 김 장군! 자네도 신라가 삼국을 통일했다고 생각하나?

김유신 당연하지. 660년에 백제, 668년에는 고구려가 멸망했고, 또 676년에는 우리가 당을 몰아냈으니까.

소정방 그럼 한번 따져 보세나! 신라가 삼국을 통일한 거라면 신라가 전쟁을 주도해서 승리해야 하지 않겠나. 그런데 고구려가 멸망할 때 신라가 전쟁에 참전한 적이 있었던가?

김유신 솔직히 참전한 적 없지…….

소정방 그럼 백제가 멸망할 때도, 황산벌 전투 말고는 신라가 참전한 적 있었던가?

김유신 그때도 우린 참전 안 했지…….

소정방 그렇다면 신라는 백제와 고구려가 멸망할 때 전쟁에 참전한 적이 한 번도 없는데 삼국을 통일했다는 게 말이 되는가?

김유신 이봐! 그러니까 우리가 당을 끌어들여서 삼국을 통일했다고 하잖나. 그리고 과정보다 중요한 건 결과지. 어쨌든 우리가 당을 몰아내고 통일한 건 사실이잖나.

소정방 참 어이가 없구만. 좋네. 그럼 한 가지만 더 물어보세. 백제와 고구려가 멸망하고 우리가 두 지역 모두 통치할 때, 신라는 그것에 대해 항의한 적이 한 번이라도 있었던가?

김유신 그런 적은 없지…….

소정방 당이 고구려를 정벌한 것이 아니고 신라가 삼국을 통일한 것이라면, 우리가 백제와 고구려 둘을 모두 가졌는데 신라에서 아무 말이 없었다는 게 말이 되는가?

김유신 그때야 우리가 힘이 없었으니까 그랬던 거지. 아무튼, 676년에 우리가 당을 몰아내고, 백제 땅 전부와 고구려 땅 일부를 우리가 차지했으니 삼국을 통일한 거지.

소정방 김 장군 말대로 신라가 당을 몰아냈고, 또 백제는 신라가 차지한 게 맞네. 하지만 고구려 땅은 전혀 회복을 못했잖은가?

김유신 영토를 완전히 회복하지 못했기 때문에 '불완전한 통일'이었다고 하지 않았나. 그리고 고구려 유민들을 신라가 흡수하고 받아들였으니 삼국을 통일한 거라고 봐야지!

소정방 김 장군! 좀 솔직해보게! 고구려 영토를 완전히 회복하지 못한 정도가 아니라 전혀 회복을 못한 거지. 그리고 고구려 유민 몇 사람을 신라에서 받아들였다고 해서 삼국통일이라 할 수 있는가? 그럼 지금 탈북자들이 자꾸 늘어나는데 이것도 대한민국이 한반도를 통일하고 있는 과정이라고 봐야겠구먼? 그리고 고구려는 발해로 독립할 때까지 30년간 우리가 통치했으니까 삼국통일이 아니지. 엄밀히 말하면 신라는 우리 당이 고구려를 정벌할 때 협조한 것이고, 신라까지 통치하려고 했더니 반발해서 우리와 전쟁을 했고, 그 과정에서 백제 땅을 얻게 되었으니 굳이 표현한다면 삼국통일이 아니라 신라의 백제 통합이라 해야 옳지 않겠나.

김유신 이봐! 난 군인이야. 내가 삼국을 통일했다고 떠든 적도 없고 난 그저 내 조국 신라를 위해 싸운 것뿐이야. 그러니까 따질 게 있으면 신라가 삼국을 통일했다고 한 역사가들에게나 따지라고!

김유신,
그는 위대한 장군인가?

천관녀 일화를 통해 바라본 김유신 장군

어린 시절 위인전의 늘 앞머리를 장식한 김유신 장군. 그의 젊은 시절을 이야기할 때면 빠지지 않고 등장하는 일화가 바로 '천관녀 일화'다.

젊은 시절에 그는 천관녀라는 기녀와 사랑에 빠진다. 그러나 어머니의 책망을 듣고 그녀를 멀리하기로 결심했다. 그러던 어느 날, 그가 술에 취해 말을 타고 가다가 말 위에서 깜빡 잠들었다. 그런데 눈을 떠보니 천관녀의 집 앞이 아닌가? 말은 평소와 다름없이 천관녀의 집으로 그를 데려갔던 것이다. 술에서 깬 김유신은 자기가 있는 곳이 천관녀의 집인 것을 알자, "나의 결심을 흐리게 했다."고 소리치며 칼을 뽑아 자신이 애지중지하던 말의 목을 쳤다. 위인전에선 이것을 장

김유신묘십이지신상 신채호 선생은 김유신 장군을 위대한 장군이기에 앞서 '음흉하고 독살스런 정치가'로 평가했다.

군의 강한 의지와 단호한 결단력으로 묘사했다. 그리고 장군이 죽은 말을 부둥켜안고 운 것을 장군의 인간미로 묘사했었다. 이 모습에 충격을 받은 천관녀는 슬픔에 빠져 결국 중이 되었고 세상을 등지고 살았다.

'김유신 장군은 위대하다'라는 고정관념 때문에 어처구니없는 사건에 대해 말도 안 되는 해석을 낳은 것이다. 어찌 보면 김유신은 어머니 말만 듣고 사랑을 저버린 '신라의 마마보이'가 아니었을까? 더구나 말은 늘 주인이 다녔던 길을 간 것뿐인데 무슨 죄가 있다고 목을 치는가? 또 냉정하게 목을 쳐 죽이고 나서 부둥켜안고 우는 모습은 한편으로 보면 가증스럽지 않은가? 그리고 그는 자신을 순수하게 사랑한 천관녀라는 한 여인의 가슴에 못을 박고 신세를 망치게 한 무책임한 사내가 아닌가?

김유신 장군을 '명장이 아니라 음흉하고 독살스런 정치가'라고 평가했던 단재 신채호 선생의 평가가 남쪽에서는 무조건적으로 배척받는가 하면, 거꾸로 북쪽에서는 절대적인 지지를 받고 있다. 이러한 상황은 미리 결론을 도출하고 일체의 의문이나 새로운 해석을 용납하지 않음으로써 사람들 머릿속에 의도된 고정관념을 심으려는 불순한 의도이며, 이런 것들이 역사발전의 장애가 되는 것이다. 장군 김유신에 대한 평가와 인간 김유신에 대한 평가를 구분할 수 있어야 그의 참모습에 접근할 수 있을 것이다.

고정관념을 깨야 참모습이 보인다

우리가 위인전에서 읽었던 대부분의 인물들은 이미 그 나라에서 고정된 이미지로 각색되어 있어서 참모습을 알 길이 없다. '대단하고 훌륭한 사람'이었다고 미화하려는 역사학자들의 못된 습관 때문에 오히려 한 인물의 참모습을 알 수도 없고, 그에게서 배울 것을 제대로 배우지 못하게 된다.

인간은 누구나 양면성도 있고 또 약점도 있다. 우리가 어릴 적 위인전에서 읽은 슈베르트는 매독으로 죽었지만 여전히 그의 음악은 아름답다. 프랑스의 사상가 루소가 상류층 여인들에게 빌붙어 제비족처럼 생활했지만, 그가 남긴 사상만큼은 우리에게 많은 영향을 끼쳤다.

송강 정철은 관동별곡을 통해 자연에 파묻혀 사는 삶을 노래했지만, 정작 실제 생활에선 당쟁의 중심에 서서 동인들을 가혹하게 탄압하고 죽인 비정한 정치인이었다. 이러한 면모를 제대로 알아야 인물의 참모습에 접근할 수 있다. 한 인물을 '완벽한 인물'로만 미화시키려는 풍토는 독재자가 탄생하기 쉬운 풍토임을 알아야 한다.

노비 신분해방을 외친 만적

사람이 아니었던 고려시대 노비들

　엄격한 신분제 사회였던 고려에는 사람처럼 말을 할 줄 아는 동물이 있었다. 그 동물이 뭐였을까? 바로 노비였다. 사내종을 '노奴', 계집종은 '비婢'라고 했는데 노비는 '사람'이 아니고 '말하는 동물'로 취급받았다. 사고 팔 수도 있었고, 자식에게 상속되기도 했으며, 선물로 주고받기도 했고, 죽이고 살리는 것도 주인 마음대로였다. 노비의 가격은 말 한 마리보다 좀 싼 정도였고 사내종보다는 계집종이 비싼 편이었다. 계집종은 출산을 통해 또 다른 노비를 생산(?)할 수 있기 때문이었다. 이 시대 노비들의 생활은 남북 전쟁 이전의 미국 흑인 노예들의 생활과 비교해 조금도 나을 것이 없었다.

　만적의 혁명이 일어나고 난 뒤에도 이 땅에서 노비가 해방되는 데는 무려 800년이 걸렸고, 그것도 우리 내부의 개혁이 아니라 외세에 의해 강요된 개혁, 즉 1894년, 일본의 요구로 단행된 갑오개혁에 의해서였다는 사실은 참으로 부끄러운 일이다.

노비와는 무관했던 광종의 '노비안검법'

고려 초기인 956년에 광종은 노비안검법을 시행했다. 국사교과서에서는 이것을 노비 해방이라 표현했었는데 이것은 정확한 표현이 아니다. 노비안검법은 노비 해방이 아니라 양인이었다가 억울하게 노비가 된 사람들을 원래의 신분인 양인으로 환원하여 주는 제도였다.

광종은 노비안검법을 통해 호족 세력을 견제하고 왕권을 강화하려 하였다. 호족들은 후고구려, 후백제, 신라 사이의 전쟁 중에 생긴 수많은 전쟁 포로들과 빚을 갚지 못한 자들을 노비로 소유했고, 또 강제적인 방법으로 양인을 노예로 만들었다. 그런데 이 노비는 토지와 더불어 호족들의 경제 기반이 되었을 뿐만 아니라, 사병私兵으로서 군사 기반이 되기도 하였다. 따라서 왕권 강화가 이루어지려면 어떻게든 호족들의 군사 기반이 되는 노예의 숫자를 감소시킬 필요가 있었다.

그래서 광종은 억울하게 노비가 된 양인들의 신분을 원래대로 회복시켜 주는 노비안검법을 강력히 시행하였다. 그 결과 호족들의 사병을 감소시켰으며, 양인의 숫자가 늘어남에 따라 자연적으로 국가수

노비문서 노비 만적의 혁명은 비록 실패로 끝났지만 아래에서부터 시작된 민중 주도의 혁명이었다.

입이 늘어나면서 왕권을 더욱 강화시킬 수 있었다. 그러나 노비안검법은 호족들의 강력한 반발에 직면했다. 심지어 광종의 부인인 대목황후까지 이에 반대하는 입장을 취했었다. 결국 강력한 군주였던 광종이 죽고 나자 노비안검법은 호족들의 지속적인 반발로 결국 폐지되고 만다.

노비안검법은 왕권강화를 목적으로 시행한 제도였고, 억울하게 노비가 된 양인들에게 큰 혜택을 준 바람직한 제도였지만 근본적으로 노비들의 처지를 개선하는 것과는 아무 관련이 없는 제도였던 것이다.

혁명의 횃불을 치켜 든 노비 만적

1198년 5월 어느 날, 당시 최고 권력자인 최충헌의 사노비였던 만적은 개경의 북산에서 나무를 하고 있던 공사公私 노비들을 불러 모아

놓고 혁명을 일으키자고 제안했다. 그는 노비들에게 다음과 같은 선동 연설을 하였다.

"임금과 대신, 장군의 씨가 원래 따로 있겠는가? 때가 오면 누구든지 할 수 있는 것이다. 어찌 우리는 뼈 빠지게 일만 하고도 매를 맞아야 하는가? 각자 자기 상전을 죽이고 노비문서를 불태워 없애서 이 나라를 노비 없는 나라로 만들면 우리도 재상이 될 수 있고 장군이 될 수 있다."

그의 연설에 공감한 노비들은 5월 17일에 흥국사興國寺에 모두 모여서 궁중으로 몰려가 혁명을 일으키고, 환관과 궁궐노비들의 호응을 받아 먼저 최충헌을 죽인 다음, 각자 자기 주인들을 죽이고 노비문적奴婢文籍을 불태우기로 결의했다. 그러나 막상 거사일에 모여든 노비의 숫자가 너무 적어서 그 숫자로는 혁명에 성공하기 힘들다고 판단한 혁명지도부는 거사를 4일 후로 연기하였다. 그런데 거사를 연기하자 혁명의 성공가능성에 대해 회의적인 생각을 갖게 된 노비들 중 내부 배신자가 발생했다. 그 중 한충유의 종이었던 순정이 자기 주인에게 이 사실을 알렸고 그로 인해 거사 주동자인 만적을 비롯하여 적극적으로 거사에 앞장섰던 노비 100여 명이 거사를 일으키지도 못한 채 체포되어 처형되고 말았다.

만적의 혁명에 대한 평가

만적의 혁명이 일어날 수 있었던 배경은 무엇이었을까?

그것은 무신 집권기에 끝없는 쿠데타의 혼란 과정에서 비록 소수이긴 하지만 천민 출신인 사람이 관직에 오르고 권력층까지 오르면서 신분체제의 권위가 무너져 가는 상황이었기 때문이다. 이러한 시기에 일어난 만적의 혁명은 노비들을 하나로 결속시킬 조직도 자본도 없었기에 혁명을 완수할 내적 역량이 갖추어진 상태는 아니었다. 결국 만적의 혁명은 실패로 끝나고 말았지만 다음의 두 가지 면에서 중요한 의미가 있다.

첫째, 아래에서 시작한 민중 혁명이었다. 고려와 조선을 통틀어 수많은 반정이 있었지만 모두가 기득권자들 간의 권력투쟁이었을 뿐 민중을 위한 반정은 없었다. 갑신정변의 경우도 민중을 위한 혁명이긴 했지만 기득권층이 주도한 혁명이었다. 물론 수많은 농민반란이 있었다. 그러나 만적의 경우처럼 체제 자체에 도전한 적은 없었고, 그저 기득권층의 반성과 시정을 요구하는 차원에 머물렀기 때문에 만적의 난은 아래에서 일어난 민중주도의 혁명이었다는 점에서 의미가 크다.

둘째, 엄격한 신분체제의 권위를 약화시켰다. 비록 체제를 변화시킬 만큼 위력은 없었지만 만적의 혁명을 계기로 신분해방에 대한 천민들의 목소리가 점차 커지기 시작했다. 뿐만 아니라, 엄격한 신분체제의 권위가 점차 약해지면서 노비로 대표되는 천민들의 권리가 조금

씩이나마 향상되어 갔다.

만적이 역사적 주목을 받지 못해 온 이유

고려와 조선은 엄격한 신분체제를 갖추려 한 나라였기에 천민인 노비, 그것도 신분체제에 도전한 괘씸한(?) 노비인 만적에 대해 관심을 가졌을 리 없었다. 그러기에 만적에 대한 역사적 사료가 절대적으로 부족한 것이 사실이다. 그런데 만적을 완전히 관심 밖의 인물이 되도록 한 것은 우리 국사교과서의 영향이 크다. 국사교과서에서 만적에 대한 기록은 한 줄을 넘은 적이 없었다.

만적이 국사교과서에서 푸대접을 받게 된 원인을 살펴보자. 일제 치하에서는 혁명가인 만적이 심도 있게 다루어질 리 만무했다. 또한 8·15해방 이후 이승만, 박정희, 그리고 전두환으로 이어진 역대 독재정권 하에서도 혁명가였던 만적은 절대로 심도 있게 다루어질 인물이 못 되었던 것이다.

1960년대에 세계적으로 알려진 영원한 혁명가 '체 게바라'도 책을 통해 국내에 소개되고 알려지게 된 것은 불과 몇 년전 일이다. 이러한 사실은 독재정권 시절 국사교과서에서 만적의 혁명에 대한 기록이 왜 한 줄로 그치게 되었는지에 대한 해답이 될 것이다.

과거와 현재와의 대화

고려의 노비와 현대판 신(新) 노비

고려부터 이어온 노비제도는 1894년에 갑오개혁으로 폐지되었다. 그러나 현재에도 달동네로 상징되는 빈곤층은 현대판 노비로서 고려의 노비를 대신하고 있다. 고려의 노비와 현대판 노비는 태어나는 순간부터 이미 신분이 정해지고, 특별한 이변이 없는 한 평생을 그 신분으로 살아가게 된다는 점에서 공통점을 갖고 있다. 단지 차이가 있다면 고려의 노비가 부모의 신분에 의해 정해졌다면, 현대판 신 노비는 부모의 경제력에 의해 정해진다는 것만이 유일한 차이일 뿐이다.

유엔 개발기구의 통계로 볼 때 약 삼백만 명이 넘는 빈곤층, 즉 현대판 노비들은 신분상승을 이룰 수 있는 통로마저 완전히 원천봉쇄 당하고 있다는 점에서 문제가 심각하다. 그럼 무엇이 빈곤층의 신분상승을 원천봉쇄하고 있을까?

첫째, 빈곤층의 유일한 신분상승 통로였던 교육도 가진 사람들에 의해 거의 독점되어가고 있기 때문이다.

2002년도 서울대학교 신입생 중 빈곤층으로 분류될 수 있는 농어민 자녀의 비율은 2.3%에 불과하다. 1971년의 비율이 13.2%였던 것과 비교하면 30여년 만에 약 1/6로 감소한 것이다. 그러니까 서울대학교 입학률도 가진 사람들의 자녀가 싹쓸이하고 있는 것이다. 그리고 서울대학교 학생생활연구소의 통계를 보면, 서울대학교에 입학하는 비율은 고급관리직 자녀가 생산직 노동자 자녀에 비해 무려 30.6배며, 의대의 경우는 그 비율이 58배로 나타나고 있다. 뿐만 아니라 서울대학교 입학생의 52.8%가 고급관리직과 전문직 자녀다. 간단히 말해 서울대학생 두 명 중 한 명은 중상류층 자녀인 것이다.

왜 이런 현상이 일어날까? 그 원인은 소득기준 상위 10% 계층에서 투자하는 사교육비가 하위 10% 계층에 비해 무려 6배가 된다는 데 있고, 더 중요한 것은 현행 입시제도가 가진 사람에게 절대적으로 유리하다는 데 있다. 입시선발에 있어 주요 참고자료인 소위 '수행평가' 과제물은 다음과 같은 식이다.

'부모님과 유적지를 방문하고 감상문을 적어 제출할 것'

맞벌이를 해서 근근이 먹고 살아가는 부부의 자녀에게는 도저히 엄두도 낼 수 없는 과제물이다. 뿐만 아니라 대학교를 졸업한 후 취업할 때 이들은 절대적으로 불리한 입장에 놓이게 된다. 최근 들어 각 기업체 신입사원 채용시 해외 어학연수는 필수요건이다. 대학등록금을 내는 것만으로도 온 가족이 허리가 휘청하는 중산층 이하의 자녀들에게 어학연수는 취업을 가로막는 넘지 못할 높은 산이다. 이런 이유로 인해 가진 자들이 교육까지 싹쓸이하게 되고, 결국 없는 사람들은 교육에서도 배제되면서 가난의 대물림이 정착되어 가고 있는 것이다.

둘째, 주거비와 교육비의 비용이 감당할 수 없을 정도로 지나치게 높기 때문이다.

서울시 아파트는 분양가가 평당 수천만 원을 넘어서고 있다. 30평짜리 아파트를 분양받는다고 치면 최소 3억 원 이상이 있어야 한다. 그런데 월 90만 원의 소득을 올리는 하위 20%의 빈곤층이 집을 사려면,

극빈자 기초 생활비용 50만 원을 제외하고 남은 돈을 모두 저금하더라도 60년 동안 모아야 한다. 게다가 이 기간 중에 집값이 한 푼도 오르지 않는 엄청난 기적이 일어나야 한다.

월 300만 원을 버는 자칭 중산층의 경우도 할아버지 때부터 삼대에 걸쳐 근검절약하며 모아야 손자 때에 30평 아파트를 구입할 수 있다. 따라서 일반 서민들이 부모의 도움 없이 순수한 자기 노력만으로 집을 마련할 수 있는 길은 두 가지밖에 없다. 하나는 로또 복권에 당첨되는 것이고, 다른 하나는 은행을 터는 것이다.

이렇듯 집값이 천정부지로 뛰면서 전세와 월세의 비용도 따라 올라가고 있다. 일반 서민들의 경우, 수입 증가분이 치솟는 임대료 증가분을 따라갈 수 없기 때문에 아무리 노력해도 더 나은 미래를 꿈꾸는 것은 말 그대로 꿈꾸는 것에 그칠 수밖에 없는 상황이 되어가고 있다.

또한 사립대학의 등록금은 1년에 천만 원을 넘어서고 있다. 그러니까 대학생 자녀가 하나인 가정만 해도 월 90만 원 가량이 등록금으로 준비되어야 하는 셈인데, 이는 우리나라 소득기준 하위 20%의 월수입과 맞먹는 금액이다. 따라서 하위 20%는 자녀를 대학에 입학시킬 수 없다는 결론이 나온다. 물론 대학교육을 받지 못한 이들의 자녀는 가난을 면할 길이 더더욱 없어지는 셈이다.

하위 20%를 위한 근본적인 개혁이 이루어지지 않을 경우 미국의 할렘 같은 슬럼가를 형성하기 쉽고, 일반 서민들은 치솟는 전·월세 비용을 마련하느라 허리가 휘다가 역시 슬럼가로 편입되는 사람이 증가할 것이다. 그리고 이런 현상은 '한나라 두 국민'을 만들어 치안상태를 극도로 불안하게 만들 것이다. 미국도 빈부 차이가 극심하지만, 한국과는 근본적으로 차이가 있다. 미국인들은 부자를 부러워하고 질투하지만 증

재개발 이전 난곡동 마을
한국 최후의 빈민 마을로 대표되었던 난곡동 달동네 풍경.

오심은 없다. 부를 축적한 방법에 정당성을 인정받고 있기 때문이다. 하지만 한국의 부자는 부동산 투기 같은 비정상적인 방식으로 부를 축적한 경우가 대부분이기 때문에 정당성을 인정받지 못하고 있고, 이로 인해 질투가 아닌 증오의 대상이다. 따라서 빈부차이로 인한 계층간의 적대감이 미국의 경우보다 몇 배 더 파괴적인 모습으로 나타나기 쉽다는 데 심각성이 있다.

고려는 귀족들의 횡포로 인한 극단적인 빈부 격차를 해소하지 못했고, '한 나라 두 국민'이라는 양극화 현상을 개혁하는 데 실패함으로써 스스로 몰락을 재촉했다. 현재의 달동네로 상징되는 빈민층의 문제를 해결하기 위해 개혁의 칼을 꺼내지 않는다면 과거의 일을 답습하게 될 것이라는 인식이 필요한 시점인 것이다.

토지개혁을 단행했던
개혁군주 공민왕

공민왕의 귀국과 개혁의 시작

1341년, 12살의 어린 나이로 몽골에 볼모로 있던 공민왕은 약소국의 왕자로서 뼈저린 설움을 느끼며 외세에 좌우되는 정권의 한계를 절감한다. 그는 점차 쇠퇴해가는 몽골의 현실을 직접 목격하며 자주적 노선을 취할 것을 결심한다. 그 후 어린 나이로 즉위한 고려의 충정왕에게 외척의 정치적 간섭이 심해지자 몽골은 충정왕을 폐하고 공민왕으로 교체하게 되었다. 그리하여 1351년, 볼모로 잡혀간 지 10년 만에 공민왕은 몽골에서 결혼한 노국공주를 데리고 고국으로 돌아와 왕에 즉위한다.

공민왕은 왕위에 즉위하자마자 대외적으로는 반원反元 노선, 대내적으로는 왕권강화 정책을 선언한다. 그래서 1352년에 변발과 몽골식

의복 등 몽골 풍속을 폐지하였고, 귀족들의 권력형 횡포로 인한 토지 독점을 해결하기 위해 '전민변정도감田民辨整都監'을 설치한다.

당시 귀족들은 막강한 권력으로 농민들을 위협해 토지를 강탈하고, 토지의 주인인 농민을 노비로 삼는 일이 일상사였다. 이런 식으로 귀족들은 막대한 토지를 소유했고, 노비를 주축으로 한 대규모의 강력한 사병을 거느리면서 그 힘은 왕권을 위협할 정도가 되었다. 국가에 세금을 내는 유일한 계층이었던 농민이 몰락하자 국가 재정이 악화되었고, 재정 악화는 결국 왕권을 약화시키는 계기가 되었던 것이다.

그러나 의욕적으로 시작한 공민왕의 초기 개혁은 고려를 지배하던 몽골의 간섭과, 몽골의 실권자 기황후의 친오빠였던 기철을 중심으로 한 친원파 보수세력의 견제와 방해로 별다른 성과를 내지 못했다.

덧붙여 읽기

기황후는 누구인가?

역사상 한국인 중 가장 출세(?)한 사람은 누구였을까? 세계를 지배한 몽골제국의 황후에 오르며 황제를 능가하는 권력을 가졌던 기황후다.

몽골의 식민지였던 고려는 매년 몽골에 공녀貢女라는 젊은 처녀들을 바쳤는데, 고려인 '기자오'의 막내딸이 공녀로 가게 된 것이다. 당시 공녀로 뽑혀 간다는 것은 여자로서 가장 비참한 상태로 떨어지는 것을 의미했다. 그래서 공녀로 뽑히면 우물에 스스로 몸을 던지거나 목을 매어 자살하는 일이 흔했다.

원치 않는 공녀로 몽골에 끌려간 그녀는 몽골 황실의 고려인 출신 환관이었던 '고용보'의 눈에 들었고, 그의 추천으로 몽골의 황제인 순제의 다과 담당 궁녀로 들어갔다. 그리고 얼마 안 있어 순제의 마음을 사로잡는데 성공했으나 황후인 타나시리의 질투로 채찍으로 매를 맞는 일까지 생겼다. 그러나 그녀는 집요하게 순제의 마음을 움직이며 기회를 엿보았고, 마침내 승상 바 엔과 손잡고 타나시리의 친정 식구들을 역모 사건으로 몰아 제거한 후 타나시리에게 사약을 내리게 해 제거한다.

이 사건이 있은 후 황후에 오르려 했으나 황제에 버금가는 실권자였던 바 엔이 몽골 황실의 전통인 '황후는 반드시 옹기라트 가문에서 맞는다'라는 황실 전통에 위배된다며 반대함으로써 결국 황후에 오르지 못하고, 옹기라트 가문의 바 엔 후드가 황후에 오른다. 그런데 그녀가 1339년에 순제의 아들 아유시리다라를 낳아 입지를 강화하자 순제를 조종하여 바 엔마저 제거한 후 제2황후의 자리에 오른다. 비록 제2황후였지만 그녀의 위세는 제1황후를 능가했다.

그녀가 몽골제국의 권력자로 떠오른 30년 동안 자신을 공녀로 보낸 고려에 엄청난 내정 압박을 가했고, 그녀의 오빠였던 기철은 몽골제국의 최고 실권자인 여동생의 후광을 등에 업고 고려 왕을 능가하는 권력을 행사하였다.

원의 몰락 조짐과 공민왕의 과감한 개혁시도

1356년, 명의 주원장이 급격히 세력을 확장하고 몽골의 몰락 조짐이 확실해지자 공민왕은 개혁을 위한 조치를 전광석화처럼 빠르게 단행하였다. 이것은 고려 26대 충선왕의 전철을 밟지 않기 위해서였다. 개혁저항세력이 힘을 규합하고 반격할 시간을 주지 않기 위해 순식간에 몰아붙인 개혁이었던 것이다.

공민왕은 몽골식 연호와 관제를 폐지하였고, 몽골이 고려를 내정 간섭하기 위해 설치했던 '정동행성征東行省'을 폐지하였다. 그리고 최대 개혁 저항세력이었던 기철을 중심으로 한 친원파 세력의 숙청을 단행하였다. 그리하여 개혁의 최대 걸림돌이었던 친원파 세력을 제거한 공민왕은 본격적으로 토지개혁을 시작하게 되는데, 이때 등장하는 인물이 바로 신돈이었다.

덧붙여 읽기

개혁군주 충선왕

고려 26대 충선왕은 즉위한 이후 개혁정책을 펴기 시작했다. 그는 충렬왕 때 몽골의 강요로 바뀐 관제를 되살리고, 귀족들 중 권력 횡포가 심한 자를 처벌했다. 뿐만 아니라 농민들의 조세를 감면해 주었고, 귀족들이 농민에게 횡포를 부리는 것을 막아주었다. 그러나 그의 개혁정책은 친몽골 세력을 중심으로 한 보수 세력들의 강한 반발을 불러왔고, 결국 몽골로 끌려가 영영 돌아오지 못하는 신세가 되고 말았다.

충선왕의 개혁이 실패한 이유는 당시 '몽골이 굳건히 버티고 있었다'는 외적 원인도 있었지만, 그가 개혁 초기에 친몽골 보수 세력을 빠르게 청산하지 못함으로써 그들이 반격하기에 충분한 시간적 여유를 주게 되었고, 그 결과 몽골이 개입한 것이 결정적인 요인이었다.

공민왕에게 이용당한 신돈

공민왕은 개혁을 추진할 책임자로 신돈을 선택하였다. 그가 신돈을 선택한 이유는 개혁 대상인 귀족세력과 아무런 연고도 맺지 않고 있는 인물이기 때문이었다. 그는 신돈을 '전민변정도감'의 판사로 임명하여 불법으로 빼앗은 귀족들의 토지를 원래의 주인인 농민들에게 돌려주게 했고, 동시에 억울하게 노비가 된 농민들을 원래의 신분으로 회복시키도록 했다.

이러한 조치는 귀족들의 엄청난 반발을 불러 일으켰지만 어쨌든 귀족들의 힘을 상당히 약화시켰고, 그로 인해 왕권을 확실히 강화시켰다. 신돈을 앞세워 보수 세력의 힘을 누르는 데 성공한 공민왕은 상황이 변하자 신돈을 제거하기에 이르는데, 상황의 변화는 다음의 세 가지였다.

공민왕릉 고려를 무너뜨린 조선왕조는 원에게서 정치적으로 독립한 후 내부개혁정책을 시도했던 공민왕을 왜곡하고 폄하하였다.

 첫째, 신돈을 지지하는 백성들이 늘어나고 추종 세력이 점점 커지기 시작하자, 왕권을 위협하는 잠재 도전 세력으로 간주하면서 공민왕은 경계심을 갖기 시작했다.

 둘째, 공민왕은 신돈의 개혁으로 귀족 세력을 억누르는데 성공했다. 따라서 토지개혁 과정에서 신돈에게 증오를 품게 된 귀족 세력과, 숭유억불崇儒抑佛정책을 구상하여 신돈과 정치적 입장이 다른 신진사대부들로부터 굳이 신돈을 감싸고 돌 이유가 없어졌다.

 셋째, 공민왕은 홍건적과 왜구의 침입으로 무인 세력을 중용하기 시작하였다. 그런데 중용한 인물 중 최영은 신돈에 의해 정치권에서 밀려난 인물이었다. 따라서 무인 세력의 중용은 곧 신돈을 버리는 결과가 되었다.

공민왕의 갑작스런 죽음과 개혁의 좌절

1371년, 신돈을 처형한 공민왕은 다시 직접통치에 나섰다. 그는 신돈을 앞세워 추진했던 개혁의 결과로 탄탄해진 왕권을 기반으로 지속적인 개혁 정치를 추진했으나 1374년, 홍륜과 최만생에 의해 갑작스런 죽음을 맞게 되었다. 이로 인해 개혁은 완전히 중단되어 버리고 만다. 공민왕의 개혁을 이어갈 후계자를 미처 선택하기도 전에 그가 죽음으로써 개혁은 물거품이 되고 말았던 것이다.

그런데 공민왕 시해사건의 전말이 가관이었다.

"노국공주를 잃은 공민왕은 날로 변태적인 성격으로 변모했다. 1372년, 자제위子第衛를 설치하여 젊고 잘생긴 청년들을 뽑고 남색男色을 즐겼는데, 그들 무리 중 홍륜이라는 자가 공민왕의 후궁인 익비를 범해 임신시키는 일이 생겼다. 환관인 최만생이 이 사실을 공민왕에게 알리자 이 일을 은폐하기 위해 익비를 범한 홍륜과 비밀을 알고 있는 최만생까지 죽이려 하였다. 그러나 이를 사전에 눈치 챈 홍륜과 최만생이 왕궁에 몰래 숨어 들어가 왕을 시해하였다."

이것은 과연 사실이었을까? 이것은 역성혁명으로 고려를 뒤엎은 것에 대한 정당성 확보를 위해 의도적으로 공민왕을 깎아 내린 조선의 역사왜곡이다.

당시 자제위는 왕의 신변보호와 지도자 육성을 명분으로 귀족 자제들로만 구성된 기관이었다. 자제위를 설치한 숨은 의도는 귀족의 자제들을 인질로 삼아 곁에 둠으로써 귀족들의 반란을 원천적으로 봉쇄하려 한 것으로 보인다.

그리고 공식적으로 왕위를 이을 왕자가 없었던 공민왕은 반야를 통해 아들 '우'를 갖기는 했지만 반야가 중전도 아니고 후궁도 아니었기에 아들을 얻기 위해 홍륜으로 하여금 자신의 후궁인 익비를 범하게 했다. 익비가 임신을 하자 공민왕은 사실을 은폐하기 위해 비밀을 알고 있는 최만생과 자제위 전원을 죽이려다 사전에 낌새를 알아챈 그들에게 죽임을 당했던 것이 공민왕 시해사건의 전말이다. 고려말 무신이었던 윤가관이 자제위에 있던 시절 익비를 범하라는 공민왕의 명령을 끝내 거부하자 왕의 미움을 사서 처벌을 받았다가 곧 사면된 사실이 이를 입증해 준다.

백성들의 눈에 비친 신돈은 미륵불이었다

파란만장한 인생의 주인공, 신돈

신돈은 농민들과 노비들에게 '성인聖人'으로 추앙받았으나, 귀족을 비롯한 기득권층에게는 '요승妖僧'으로 비판받으며 증오의 대상이 되었다. 이렇듯 동일한 시기, 동일한 인물에 대한 평가가 신돈만큼 극단적으로 상반된 경우는 매우 드문 일이다. 뿐만 아니라 불과 몇 년 만에 최고 권력자의 자리에서 가장 비참한 신세로 전락한 인물이 바로 신돈이었다. 그의 일생은 파란만장 그 자체였다.

1366년, 신돈은 왕사王師이자 공민왕의 개혁 대리인으로서 오늘날로 치면 수상의 자리에 오르며 권력의 정상에 우뚝 솟아올랐다. 하지만 1371년, 역모죄로 몰려 수원에 유배되었다가 목을 베이는 참형을 당했다. 그의 팔과 다리는 찢기어져서 사방에 뿌려졌고, 목은 서울의 동문에 매달리는 참혹한 죽음이었다. 처형을 당하던 날, 그는 하루만 기다려 달라며 품속 깊이 간직하고 있던 종이 한 장을 꺼냈다. 그 종이에 적혀 있는 내용은 이러했다.

"왕사王師께서 임금의 자리만 넘보지 않는다면, 무슨 일을 한다 해도 모두 용서할 것입니다."

이것은 공민왕이 신돈에게 개혁 추진을 맡기면서 그에게 적어준 약조였다. 신돈은 처형을 당하던 마지막 순간까지도 공민왕의 약속에 기대를 걸고 있었던 것이다. 하지만 공민왕은 그의 기대를 저버렸다.

철저한 비주류였던 신돈

신돈은 경상남도 창령의 옥천사라는 절에서 사노寺奴 : 절의 노비인 어머니에게서 천한 신분으로 태어났다. 당시 불교는 국가의 보호 아래 호국불교와 현세구복의 성격을 띠며 권력과 밀착되어 있었다. 그래서 절들도 방대한 토지를 소유하였고 고리대금업을 통해 막대한 부를 축적할 만큼 완전히 세속화되어 있었다. 신돈은 어려서 출가했으나 천한 신분으로 태어났기 때문에 귀족 생활과 다름없던 절에서 그가 설 자리는 거의 없었다.

특히 당시 불교는 교종과 선종으로 나뉘어 있었는데, 무신정권 이

전답매매문서 조선왕조의 집권세력은 토지재분배를 통해 개혁을 시도했던 신돈의 역사적 평가를 왜곡했다.

후 선종은 비주류였던 반면에 교종은 귀족세력과 밀착하여 확고한 주류의 자리를 확보하고 있었다. 천한 신분에 비주류인 선종 계열의 승려였던 신돈은 전국을 떠돌며 민중들과 희로애락을 같이 하면서 아웃사이더로 지내고 있었다. 신돈은 전국을 떠돌며 고려 사회의 힘없는 백성들이 겪는 고통을 그 자신도 직접 겪고 있었다.

덧붙여 읽기

'수정목공문水精木公文'과 '십실구공十室九空'

공민왕은 개혁을 맡길 수 있는 적임자를 찾고 있었고, 신돈은 공민왕이 바라는 조건을 가장 완벽하게 갖춘 인물이었다. 무엇보다 신돈은 개혁을 추진할 능력과 과감성을 갖춘 인물이었다. 그의 신분이 천한 관계로 개혁 대상인 귀족들과도 일체의 관련이 없었다. 또한 절에서도 아웃사이더였기 때문에 어느 것 하나 거칠 것 없이 밀어붙일 수 있는 조건이었던 것이다.

당시 고려 백성들이 겪어야 했던 고통을 상징하는 말이 두 개

있었다.

첫째, '수정목공문水精木公文'이다.

고려의 귀족들은 권력을 이용하여 수단과 방법을 가리지 않고 농민들의 토지를 강제로 빼앗았다. 기름진 땅을 소유한 농민이 있으면 힘센 노비를 풀어 무조건 잡아다 패고 협박하여 기어코 땅을 빼앗고 말았다. 설사 그 땅의 주인이 확실한 토지 소유문서를 갖고 있다 해도 소용이 없었다. 매에는 장사가 없는지라 끝까지 버티면 죽음만을 의미했기에 결국은 토지를 빼앗길 수밖에 없었다.

수정목水精木이란 나무 중에서도 가장 단단한 나무인 물푸레나무를 말하는 것인데 이 나무를 물에 담가 몽둥이를 만들면 쇠파이프보다도 더 단단했다. 그리고 공문公文은 말 그대로 관청에서 명령한 공문서를 의미했는데 '수정목공문'이란 물푸레나무로 만든 공문서라는 뜻으로, 귀족들이 무조건 잡아다 패면 누구라도 말을 듣지 않을 수 없다는 뜻이었다.

둘째는 '십실구공十室九空'이다.

이 말의 뜻은 '농촌에 있는 열 채의 집 가운데 아홉 채는 빈집'이라는 뜻이었다. 당시 가뭄과 귀족들의 횡포로 땅을 빼앗긴 농민들이 노비로 전락하거나 유민이 되어 떠돌면서 농촌이 몰락해 가는 것을 빗댄 표현이었다.

신돈의 개혁 추진

공민왕에게서 개혁의 전권을 위임받은 신돈은 두 가지 방향으로 개혁을 시도했다.

첫째는 기득권 세력의 힘을 약화시키는 것이었고, 둘째는 개혁 추진세력을 결집시키고 조직적으로 만드는 것이었다. 신돈은 이러한 개혁을 신속하게 실행하기 위해 혁명적인 기구를 설치하는데, 그것이 '전민변정도감'이라는 기구였다.

전민변정도감은 귀족들이 불법으로 취득한 토지를 감시하는 기구로 일정기한 내에 자진신고하면 토지를 원주인에게 돌려주고 노비도 원래의 신분으로 원상복구 시켜주면서 토지 소유자의 죄를 묻지 않지만, 신고하지 않은 대토지 소유자에 대해서는 엄벌에 처하는 조치를 취했다. 또한 신돈은 기득권 세력에 대한 제거만으로는 개혁이 불완전하다는 것을 알고 있었기에 개혁을 지속적으로 추진할 세력을 양성하였다. 이로 인해 정몽주, 이색, 정도전 같은 개혁 지향적인 젊은 학자들이 대거 중앙정치 무대에 등장하게 된다.

전민변정도감으로 토지문제 해결을 시도하자 신돈에 대한 평가는 기득권층은 '요승', 백성들 사이에서는 '성인'이라는 극단적으로 상반된 반응을 불러 일으켰다. 결국 누구의 시각으로 보느냐에 따라 신돈은 천사요, 악마였던 것이다.

여기서 분명히 짚어 볼 대목은 당시 기득권층의 부도덕성이다. 사실 따지고 보면 신돈의 개혁조치는 혁명적인 것도 아니고 그저 단순하게 빼앗은 것을 원주인에게 돌려주는 상식적인 조치일 뿐이었다. 하지만 남의 것을 빼앗는데 재미 들린 기득권층에게는 엄청난 변혁이고 위협적인 조치였던 것이다.

위에서 시작한 개혁이 가질 수밖에 없는 한계

신돈의 개혁은 백성의 지지를 바탕으로 한 개혁이 아니라 왕의 지지와 후원에 기댄 위에서 시작한 개혁이었기에 언제라도 왕이 기득권층과 타협을 보는 순간 모든 개혁은 순식간에 물거품이 될 수밖에 없는 한계를 지니고 있었다. 신돈에게 개혁을 맡긴 공민왕의 목적은 애초부터 개혁을 통해 백성들의 삶의 질을 향상시키는데 있었던 것이 아니라 귀족의 힘을 약하게 만들고 왕권을 강하게 하려는 데 있었다. 따라서 개혁을 통해 어느 정도 소기의 목적을 달성했다고 판단한 순간 신돈과 결별할 생각을 하게 되었던 것이다.

더구나 일반 백성들이 신돈을 열렬히 지지하자 공민왕은 신돈 역시도 언젠가는 반드시 제거해야 할 위협적인 존재로 받아들여지게 된 것이다. 결국 신돈의 개혁으로 경제 기반을 상실한 기득권층의 극렬한 반발은 신돈이 반역을 음모했다는 정치공작으로 이어졌다. 공민왕은 백성들의 열렬한 지지를 받는 신돈이 부담스러웠던 데다 기득권층

고려의 불화 〈수월관음도〉 불교가 융성했던 고려의 왕사 신돈은 기득권층에게는 요승이었지만 백성들에게는 미륵불로 추앙받았다.

과의 타협도 필요했기에 그들의 요구대로 곧바로 신돈을 처형하게 되었고, 그 순간부터 신돈에 대한 역사적 평가는 '요승'으로 판결이 나게 된 것이다.

이런 평가가 나온 이유는 무엇일까?

역사는 승자勝者에 의해 쓰였기 때문이다. 공민왕에게 이용당한 신돈은 『고려사』에서 온갖 음란한 짓과 악행을 일삼은 요승으로 묘사되어 있고, 이후의 역사서와 야사에서까지 그 영향을 받아 신돈은 요승이었다는 것이 정설로 굳어져 왔다. 그러나 『고려사』는 고려를 뒤엎고 조선을 세우는데 참여한 학자들에 의해 씌어졌다. 따라서 조선 개국의 정당성을 부각시키기 위해 공민왕은 나약한 왕으로, 신돈은 요승으로 묘사할 필요가 있었다는 것은 너무나 뻔한 이치가 아닐까?

그리고 불교를 배척했던 500년 조선왕조에서 승려 신돈에 대한 재평가가 이루어질 가능성은 사실상 없었으며, 이렇게 굳어진 신돈의 이미지는 오늘날에도 여전히 요승으로 남아 있다.

과연 역사를 누구의 시각으로 바라볼 것인가? 당시 고려 백성들의 시각에서 바라본 신돈은 누가 뭐래도 백성의 편에 섰던 개혁의 영웅이며, 기득권층의 정치 공작에 의해 희생된 비운의 개혁가였던 것이다.

과거와 현재와의 대화

개혁의 핵심은 토지였다!

삼국시대부터 고려와 조선을 거쳐 현재에 이르기까지 의·식·주를 해결하기 위한 모든 경제 활동의 바탕은 '토지'였다. 그러므로 땅을 소유하고 있는 정도에 따라 생활의 질이 결정되었다.

'체제의 모순'이란 주도권을 잡은 소수 기득권층이 일방적으로 땅을 독점함으로써 그들만이 배부르고, 절대다수의 사람들은 배고픈 상태에 놓이게 되는 것이다. 그리고 '체제의 위기'란 기득권자들의 토지독점 욕심이 과하여 스스로 배탈이 나거나, 그들의 토지독점에 불만을 품은 반대 세력이 강력해지면서 독점체제가 깨어질 위험에 놓이게 되는 것이다.

그렇다면 체제의 모순을 해결하기 위해 개혁을 추진할 때, 개혁의 성공을 좌우하는 가장 핵심적 요소는 무엇일까? 그것은 어느 시대, 어느 나라를 막론하고 토지를 합리적으로 분배해야한다는 것이다. 이것은 역사의 절대 증거다.

북베트남의 호치민이 미국을 상대로 전쟁에서 이길 수 있었던 이유는 바로 베트남 민중들의 절대적 지지와 협조였고, 그가 절대적 지지를 끌어낼 수 있었던 비결은 토지문제의 합리적 해결이었다. 호치민은 농민들에게 자신들이 승리해 점령한 지역의 토지를 무상으로 분배했던 것이다.

이에 반해 남베트남 정부군은 호치민 군대와 정반대로 농민들에게 점령지역의 땅을 헐값으로 빼앗듯이 사들이는 방법으로 자신들의 토지를 무한정 늘려갔다. 그러다 보니 베트남의 농민들은 자신들의 토지를 지켜내기 위해서라도 호치민의 북베트남군에 적극적으로 협조했던 것이다. 여기에서 베트남 전쟁의 승리자가 이미 결정되어 버린 것이다.

당시 신돈은 기득권층이 토지를 지나치게 독점한 것에 대한 민중들의 불만을 너무나 잘 알고 있었고, 고려의 위기까지도 심각하게 느끼고 있었다. 그리하여 그는 개혁의 핵심인 토지문제를 과감한 정면 돌파로 해결해 나가려 했다. 그러나 그의 최대 지지세력이었던 공민왕이 기득권층의 격렬한 반발에 직면했고 신돈에게 등을 돌리고 그들과 타협함으로써 신돈의 개혁은 중도에 좌절하고 말았다. 그 결과 고려는 신돈의 개혁이 중단된 후 20년 만에 멸망하게 된다.

신돈이 개혁을 추진할 당시 고려의 백성들은 개혁을 지지하긴 했지만 신돈에게 힘을 실어줄 수 있을 만큼 성장하지 못했었다. 따라서 신돈에게 개혁을 추진할 힘을 부여했던 주체는 백성이 아니라 공민왕이었다. 그리고 공민왕이 신돈과 결별하는 순간 신돈의 개혁은 물거품이 될 수밖에 없는 상황이었다. 공민왕은 개혁군주였지만 자신이 토지개혁과 이해관계가 없는 기득권자였기에 신돈의 개혁은 언제라도 배반당할 위험성을 안고 추진된 개혁이었던 셈이다.

오늘날 정권창출은 국민 선거에 의해 이루어지고 있기 때문에 집권정당이 개혁을 추진할 때 힘을 부여할 수 있는 주체는 바로 '국민'이나. 그런데 국민은 체제 모순의 피해자들이기 때문에 개혁을 추진하는 정권에 등을 돌릴 이유가 전혀 없다. 따라서 집권정당이 가장 안정적으로 정권을 유지하는 최선의 방법은 명확한 개혁 플랜과 과감한 실천으로 국민의 지지를 끌어내는 것이다.

> 하늘나라에서 나눈 대화

신돈 Vs 정도전

신　돈　내가 죽고 난 뒤에 자네가 날 그렇게 욕했다지? 그래서 난 역사에서 음란과 악행을 일삼던 '요승'으로 알려지게 되었네.

정도전　이 사람아! 그걸 갖고 뭘 그러나! 역사란 게 다 그런 것 아닌가? 고려를 뒤엎고 새로운 정권을 창출했으니 뭔가 명분이 있어야 하잖아. 그러다보니 본의 아니게 자네와 공민왕의 이미지를 깎아 내릴 수밖에 없었지.

신　돈　하지만 지방에서 빌빌하던 자네를 중앙정치 무대로 끌어준 게 누구지?

정도전　그야 물론 자네 덕분이지. 내 모르지 않아. 늘 고맙게 생각하고 있다네.

신　돈　그런 자네가 뒤에서 날 욕했단 말이지?

정도전　욕을 했다니! 내가 자네에게 서운하게 한 건 사실이야. 하지만 어쩔 수 없었어. 자네는 승려잖아. 난 유학자이고. 그러니 불교를 억제하려던 내가 어떻게 자네를 지지할 수 있었겠나?

신　돈　좋아. 그렇다 치고, 자넨 왜 그렇게 불교를 억누르려 했지?

정도전　자네가 그걸 몰라서 내게 물어? 당시 절들의 타락과 횡포를 잘 알잖아! 노비들을 거느리면서 농민들에게서 땅을 빼앗고, 고리대금업까지…….

신 돈 그래, 그건 인정해……. 하긴 나도 그 때 불교를 개혁하려 했었으니까. 그런데 내 자네에게 궁금한 게 한 가지 있네.

정도전 뭔가?

신 돈 자네들은 공민왕이 죽고 왕위를 이은 우왕을 공민왕과 반야 사이의 아들이 아니라 반야와 나 사이에 낳은 아들이라 해서 폐위시켰다지? 그런데 자네들 진짜로 그렇게 믿고 한 짓이야?

정도전 하하하, 그럴 리가 있나! 만약 우왕이 자네의 아들이라면 창왕은 자네의 손자인 셈인데, 자네의 아들을 폐하고 손자를 왕위로 올린다는 게 말이 되겠나?

신 돈 그런데 왜 그런 짓을 해서 날 욕먹게 하지?

정도전 아, 이 사람아! 조금 전에 내가 말했잖아. 우린 공민왕과 자네를 깎아 내릴 필요가 있었다고!

연산군의 폭정에 맞선 유일한
신하는 선비가 아니라 내시였다

일곱 명의 왕을 섬긴 내시 김처선

왕위에 오른 연산군은 1498년 무오사화戊午士禍와 1504년 갑자사화甲子士禍로 많은 신하들을 죽이며 피비린내 나는 폭정을 거듭했었다. 특히 연산군의 생모인 폐비 윤씨 사건과 관련된 갑자사화 때는 이미 죽은 한명회, 정여창, 남효온의 시체를 끄집어내어 부관참시剖棺斬屍하는 등 한치 앞을 내다볼 수 없을 만큼 공포 분위기였다. 이러한 때 왕의 잘못을 직언해야 할 대사헌, 대사관 등의 언관들은 물론, 성균관의 유생들 중에서도 아무도 나서는 이가 없었다. 이때 왕의 내시인 김처선이 목숨을 걸고 직언을 고했다.

세종 때부터 연산군에 이르기까지 일곱 임금을 섬긴 내시였던 김처선은 연산군이 궁중에서 처용 놀이를 하면서 음란한 춤을 추자 집안 식구들에게 "오늘 내가 죽게 될 것이다."라고 말하였다. 그리고는 연산군에게 이렇게 간諫하였다.

"제가 지금까지 일곱 임금님을 모셨지만 고금에 지금의 임금님처럼 하신 분은 없었습니다."

격노한 연산군은 활을 쏘아 김처선의 어깨를 맞추었다. 그런데도 그는 말문을 닫지 않았다.

"늙은 내시가 어찌 죽음을 두려워하겠습니까? 다만 임금님께서 임금을 오랫동안 머물 수 없을 것 같아 안타까울 뿐입니다."

그러자 더욱 노한 연산군은 그의 다리를 자르고 혀를 자른 후 배를 갈라 창자를 꺼내고, 시체를 호랑이의 먹이로 주었다고 한다. 목숨을 걸고 직언했던 김처선은 끔찍하게 처형당한 것이다. 그러고도 분이 풀리지 않은 연산군은 김처선의 양자까지 죽이고 전국에 명하여 김처선의 '처處'자字를 사용하지 말도록 명령했다. 그 해의 과거시험에서 충정공 권발이 과거에 합격했는데, 나중에 그의 답안지에 처處자가 있는 것을 발견하여 합격을 취소한 일도 있었다.

김처선은 모든 선비들이 연산군의 폭정에 숨죽이며 눈치만 살필 때 목숨을 걸고 직언했지만, 내시라는 신분적 한계로 인해 당시에도 그렇고 그 후대로도 별다른 역사적 관심을 받지 못했다. 연산군을 폐위시키고 등장한 중종 때도 무오사화에 죽은 사람들은 대부분 억울함을 풀었지만, 그는 억울함을 풀어 주어야 할 관심의 대상도 되지 못했다. 모두가 숨죽이고 입도 열지 못하던 공포정치의 시대에 목숨을 걸고 직언을 한 김처선이야말로 숨은 영웅이라 할 수 있다.

연산군과 월산대군 부인

역사는 항상 승자가 남기는 기록이기 때문에 그것이 진실이 아닐 수도 있다는 가능성을 항상 열어 두어야 한다. 그렇지 않으면 우리는 왜곡된 진실을 바로 잡을 기회를 가질 수 없다. 연산군의 악행을 말할 때마다 등장하는 월산대군 부인은 승자들이 철저히 왜곡하여 기록한 대표적인 사례다. 역사에서는 다음과 같이 말하고 있다.

"폭군 연산군은 큰 어머니였던 월산대군 부인의 미모를 탐하여 강제로 범해 임신을 시켰고, 월산대군 부인은 목을 매 자살했으며, 동생인 박원종은 연산군을 폐위시키기 위해 사람들을 모으기 시작했다."

그러나 아래의 두 가지 사실을 살펴보면 이것이 왜곡된 사실이라는 것을 알 수 있다.

첫째, 월산대군 부인은 독실한 불자라는 이유로 유교를 떠받들었던 대신들에게 표적이 되었다. 그녀는 시어머니와 남편과 함께 자주 절을 찾았고, 남편이 죽은 후에는 그의 명복을 빌기 위해 흥복사를 건립했다. 성종은 과부가 된 형수를 위해 사찰 건립에 필요한 물자들을 적극 지원했다.

그 후 흥복사에서 큰 법회가 열리면서 수많은 인파가 법회에 참석했고, 월산대군 부인도 함께 했었다. 이 소식이 전해지자 조정의 대신들은 월산대군 부인을 공격하기 시작했다. 숭유억불정책에서 제정해 놓은 '부녀자 사찰출입 금지' 법령이 월산대군 부인 때문에 무의미해질 상황이 된 것이다. 조정 대신들은 성종에게 월산대군 부인과 관련자들의 처벌을 요구했고, 사헌부·사간원의 대신들도 수십 일 동안 대궐문 앞에 엎드려 농성을 벌였다.

둘째, 인수대비는 생모가 없는 연산군의 보호를 자신의 큰며느리인 월산대군 부인에게 맡겼다. 월산대군 부인에게 아이가 없었으니 친아들처럼 정성으로 돌보라는 의미였던 것이다. 그리고 실제로 연산군에게 월산대군 부인은 친어머니와 같은 존재였다. 잔병치레가 잦았던 연산군은 어린 시절 월산대군 부인의 보살핌을 받으며 자랐고, 또 자신의 세자를 맡아 기르도록 한 곳도 월산대군 부인의 집이었다. 연산군은 왕이 된 이후에 자신에게 친 어머니와 다름없던 월산대군 부인에게 극진한 대접을 하며 효자노릇을 했다. 그리고 월산대군 부인은 연산군보다 적어도 20세 이상이나 연상인 50대 여인이었고 평생 아이를 낳지 못하는 사람이었다.

월산대군 부인의 동생이었기 때문에 높은 벼슬에 오르며 출세했던 박원종은 자신이 연산군을 배신하고 반정을 주도한 것에 대한 명분이 필요했었다. 그래서 죽은 누나를 팔아 자신의 반정을 정당화시키기 위한 구실로 삼았던 것이다.

정여립의 난은
조선왕조 최대의 정치조작사건

왕위 세습을 부정한 학자, 정여립

"천하는 공물共物이니 어찌 정해진 주인이 있겠는가? 누구든 능력 있는 자가 나라를 다스려야 한다."

― 정여립 ―

이미 400년 전에 왕위 세습을 부정하고 누구나 왕이 될 수 있다는 주장을 편 학자가 있었다. 그가 바로 조선왕조 최대의 정치조작 사건으로 희생당한 정여립이다.

그는 본래 이율곡의 제자로서 서인이었으나, 1583년 서인을 탈당하고 동인에 입당하였다. 정여립은 동인에 입당한 후 그의 스승이었던 이율곡을 비판하는데, 이로 인해 선조의 미움을 사게 되어 결국 관직을 그만두고 고향인 전주로 낙향하였다. 그러나 당시는 동인이 정권을 잡고 있던 시기였고, 그는 동인의 실세인데다 성격이 호방하고 당대의 최고학자로 인정받고 있었기에, 관직에서 물러나 고향에 낙향해 있는 동안에도 그를 찾는 사람들로 늘 집안이 문전성시를 이루었다.

특히 그의 집에는 선비들뿐만 아니라 천민과 승려들까지 각계각층의 사람들이 모여들었기에 늘 관의 주목을 받게 된다. 서산대사와 사명대사도 정여립의 집에 드나든 것 때문에 정여립의 반란사건이 일어났을 때 의금부에 끌려가 곤욕을 치르게 된다. 그리고 정여립은 자신이 기득권 세력에 속해 있었으면서도 조식의 영향을 받아 진보적이고 개혁적인 생각을 갖게 된다.

정여립 사건에 대한 조선왕조의 발표 내용

정여립은 스승 이율곡을 비판하여 선조의 미움을 사서 낙향했다. 그 후 벼슬길이 막히자 앙심을 품고 천민과 승려 등 사회 불만 세력을 규합해서 역모를 꾸미기 시작했다.

그는 대동계라는 무장조직을 통해 역모에 가담할 힘을 키웠고, 때마침 흉년이 계속되고 도적이 빈발해 민심이 흉흉해지자 '목자망木子亡 존읍흥奠邑興' 즉 이씨 왕조가 곧 망하고 정씨가 곧 흥한다는 도참설을 퍼뜨렸다.

그 뒤 전라도와 황해도에서 군사를 일으켜 반란 계획을 세우던 중, 황해도 안악 군수 이축이 이를 사전에 알아내어 황해도 관찰사 한준

전라북도 진안군 죽도 선조의 왕 권강화를 위한 정치공작 때문에 희생당한 정여립의 한이 서린 곳

에게 보고하는 바람에 수포로 돌아가고 말았다.

황해도 관찰사의 장계를 받은 조정에서 정여립 체포령을 내리자 죽도로 도망친 정여립은 그곳에서 자결하였고, 그의 시신은 한양으로 압송되어 역모의 주모자로 능지처참되었다.

정여립 사건의 파장

서인의 모사인 송익필이 각본을 짜고 정철이 주도한 이 사건의 파장은 실로 엄청났다. 이 사건의 주모자로 몰린 정여립을 비롯해 이에 연루되어 처형된 사람의 수가 무려 천여 명에 이른다. 이는 조선의 4대 사화에서 죽은 이들의 모든 숫자를 합한 것보다 많은 숫자다. 한마디로 조선왕조 최대의 정치조작 사건이었던 것이다.

이 사건은 주모자로 몰린 정여립이 동인이었기에 연루되어 처형된 선비 중 대부분이 동인이었으며, 결국 동인이 몰락하고 서인이 집권하는 결과를 가져온다. 이는 동인을 몰락시키기 위한 서인측의 치밀한 각본에 의해 조작된 정치적 음모였다는 주장에 설득력을 더해준다.

또한 선조는 이 사건이 조작된 사건임을 알면서도 왕권강화를 위해 이를 이용했다는 의심을 갖게 하고 있다. 선조는 선왕先王의 유명을 받지 못하고 임금이 되었기 때문에 왕으로서의 권위가 이전보다 아주 약했다. 그래서 선조는 이 사건을 통해 임금과 신하의 관계를 분명히 하려 했고, 동시에 10년 동안 집권하며 막강해진 동인의 힘을 약화시켜 왕권을 강화시키려 했는데 그런 의도는 상당 부분 성과를 거두었다.

정여립 사건의 조작 의혹

정여립 사건은 조선 최대의 정치조작 사건으로 그 파장이 대단했음에도 불구하고, 이에 대한 연구는 거의 없었다고 표현할 만큼 미미하다. 그래서 아직도 미스테리 사건으로 남아 있고, 당시의 여러 정황들을 따져보면 조작된 사건이라 의심할 수밖에 없는 점들이 너무 많다.

첫째, 정여립이 역모를 꾀했다는 물적 증거가 단 한 가지도 없었다. 정여립의 난에 연루되어 처형된 숫자만 천여 명일만큼 엄청나게 큰 역모 사건이었는데도 이를 입증해줄 만한 물적 증거는 단 한 가지도 없었던 것이다. 오로지 관련자들의 자백이 유일한 증거였는데, 당시의 역모사건 수사과정에서 혹독한 고문으로 죽어간 사람들이 부지기수인 걸 생각하면 몇몇 관련자들의 자백을 증거로 삼는 건 무리이다.

둘째, 대동계는 반란을 위해 조직된 것이 아니었다. 대동계는 관의 요청에 협조하던 공개된 조직이었다. 정여립이 조직한 대동계는 해안 지방에 출몰하던 왜구를 물리치기 위해 조선 수군에 협조하기도 했던 공개된 조직이었다. 조정의 발표대로 정여립이 역모를 꾸미기 위해 대동계를 조직했다면, 조선 수군에 협조하면서 스스로를 공개한다는 것이 말이 되는가? 그리고 대동계가 반란을 위한 조직이었다면 어찌해서 정여립이 대동계라는 막강한 무장조직을 데리고 싸움 한번 안 해보고 도망쳤겠는가?

셋째, 정여립이 죽도로 도망쳤다가 자살한 것은 사실이 아니었다. 그는 죽도에서 역모 사건이 난 줄도 모르고 있다가 서인이 보낸 민인백에게 살해된 것이다. 만일 정여립이 역모 사실이 탄로 나서 도망을 가야했다면 당연히 아무도 모르는 곳으로 도망을 갔을 것이다. 왜 누구나 뻔히 알고 있고, 또 조정에서도 알고 있는 자신의 거처인 죽도로 도망을 쳤겠는가?

넷째, 정여립이 활동했던 지역은 전라도 전주인데 어떻게 전라도가 아닌 황해도 군수와 관찰사가 역모를 알아내어 고발했는가?

다섯째, 당시의 교통사정상 전라도와 황해도의 거리는 어마어마한 거리였다. 따라서 실제로 한 번 왕래하는 것조차도 만만한 일이 아니었다. 그런데 어떻게 전라도에서 꾸며지고 있는 역모를 황해도의 관리가 알아내고 고발까지 할 수 있었을까?

여섯째, 정여립의 정적이었던 송강 정철은 어떻게 해서 사전에 모든 것을 알고 있었을까? 정여립이 반란을 획책하고 있다는 고발이 있던 날, 아무도 정여립의 반란을 믿지 않던 상황에서 정철은 정여립이 도망쳤다는 사실까지 알고 있었다. 어떻게 그럴 수 있었을까?

일곱째, 당시 조선은 동인이 주도권을 잡고 있던 상황이었다. 동인 세력의 실세인 정여립이 반란을 모의할 이유가 별로 없다는 것이다.

여덟째, 정여립 사건에 연루되었던 사람들이 대부분 명예 회복되었다는 사실이 의미하는 바는 무엇일까? 그것은 역으로 보면 처음부터 반란을 모의한 집단이 실제로는 존재하지 않았다는 것이 되며, 따라서 조작된 사건이라는 결정적인 증거가 된다.

정여립에 대한 평가

정여립이 활동했던 당시의 조선은 내부적으로 사회경제적 모순이 심하여 민중들의 생활이 도탄에 빠져있었고, 대외적으로 일본과 여진의 침략을 앞둔 총체적 위기의 시기였다. 정여립은 이런 상황에서 체제의 개혁을 주장하는 진보 세력과 기존의 질서를 더욱 강화시키려 하는 보수의 갈등이 첨예하던 시기에 진보의 편에 섰던 인물이다. 당

시를 읊는 선비(강희언) 선조 당시 주류층인 조정 관료들은 당파싸움에 몰두해 백성의 궁핍에 대해서는 아랑곳 하지 않았다. 정여립은 신분평등의 세상을 꿈꾸었던 죄로 역모자가 되었다.

시의 정여립 사건은 오로지 명분과 신분질서에만 집착하는 당시 성리학의 흐름에서 탈피해 시대 변화에 능동적으로 대처하고 민중들을 돌보려는 개혁 세력의 대안모색과 노력들이 단번에 설 자리를 잃게 된 것을 의미한 사건이라 할 수 있다.

 따라서 그는 실패한 반란의 우두머리가 아니라, 신분질서에 도전하고 백성중심의 정치체제가 구현될 길을 모색하다가 보수와 진보간의 충돌로 정치적 희생을 당한 불운한 지식인이었던 것이다. 더욱이 그 시대에 왕권의 세습에 문제제기를 했다는 점에서 어찌 보면 그는 지나치게 시대를 앞서 갔던 지식인이었고, 그래서 정치적 희생양이 될 가능성이 많을 수밖에 없었는지도 모른다.

시대를 앞서 갔던 정여립의 혁신적인 사상과 대동계를 통한 그의 실천적 노력은 단재 신채호에게서 재조명을 받고 있다.

"정여립은 4백 년 전에 군신강상론을 타파하려 한 동양의 위인으로, 『민약론』을 저술한 루소와 견줄 만하다. 하지만 루소와 같이 역사적 평가를 받지 못하고 있는 이유는 루소의 사상은 프랑스 혁명으로 이어졌지만, 정여립의 경우에는 그렇지 못했기 때문이다."

― 단재 신채호 ―

하늘나라에서 나눈 대화

정철 Vs 정여립

정 철 미안하네. 그때는 내가 좀 심했지? 하지만 어쩌겠나! 역모 사건인데다 내가 수사를 총지휘하는 입장이다 보니…….

정여립 역모? 내가 역모를 일으키려 했다고? 내가 역모를 꾸몄다는 증거가 단 한 가지라도 있었나?

정 철 아, 그거야 역모 관련자들이 사실대로 자백했으니 그게 증거지.

정여립 원하는 대답이 나올 때까지 죽도록 패고, 발바닥을 불로 지져서 받아내는 그 자백 말인가?

정 철 뚜렷한 물증은 없었어도 자네는 역모를 일으키기에 딱 알맞은 사상을 갖고 있었잖아. '천하는 공물共物'이라는 사상 말일세.

정여립 이 사람아! 사상이 그렇다고 해서 역모를 했다는 게 말이 되는가? 그럼 반미사상 가진 놈은 다 폭탄 갖고 자살특공대로 미군에게 뛰어드나?

정 철 자네가 조직한 대동계가 무장 조직이었잖아. 그리고 자네가 대장이었고, 그러니 당연히 의심을 할 수밖에!

정여립 대동계가 비밀 조직이었나?

정 철 사실 그렇지는 않았지. 공개된 조직이었지.

정여립   그리고 대동계가 관군을 도와 왜구를 물리친 일을 잊었는가?

정 철   그야 그렇지만……. 어쨌든 강력한 무장 조직을 가진 자는 반란을 일으키기 쉽지.

정여립   이렇게 뻔뻔해서야. 그것도 말이라고 하나? 그렇다면 대한민국 군대의 사단장들은 모두 반란 예비범들인가?

정 철   그렇게 말하니 할말 없군. 하지만 다 자네 책임이야. 자네가 죽도로 도망쳤으니 우리는 그렇게 의심할 수밖에 없었지.

정여립   내가 도망쳤다고? 나는 역모 사건이 난지도 모른 채 죽도에 머물고 있었던 걸세.

정 철   하지만 자네가 역모 사건으로 자결을 했으니 당연히 더 의심할 수밖에 없었지.

정여립   자네 계속 그렇게 말도 안 되는 소리만 늘어놓을 셈인가! 난 역모 사건이란 게 있는지도 모르고 죽도에 머물러 있다가 민인백의 손에 죽었네. 그리고 그 민인백이란 놈은 자네 패거리들이 보낸 것이고! 그러니까 말하자면, 네놈들은 날 미리 죽여 놓고서 내가 도망치다가 자결했다고 떠벌였지. 그리고 내가 도망친 것이 결정적 증거라고 해버렸고. 전부 다 네놈들이 벌인 짜고 치는 고스톱이었잖아!

정 철   난 처음 듣는 말일세. 난 그저 수사 책임자로서 법대로 처리한 것뿐이라고.

정여립   그럼 지금부터 내가 하는 말에 대해 해명해 보게! 역모사건의 고발이 있던 첫날, 자넨 이미 역모 사건의 전말을 소상히 알고 있었고, 그래서 그 잘난 임금과 독대까지 했지? 그런데 역모에 대한 보고가 올라온 첫날 밤, 아직 아무런 수사도 이루어지지 않았던 시점인데 자넨 도대체 어떻게 그리도 소상히 알고 있었나? 그건 네놈들 패거리들이 처음부터 날 죽일 셈으로 꾸며댄 일이었기 때문 아닌가! 어때, 내 말이 틀리는가?

정　철　…….

정여립　그리고 네놈들 때문에 죽은 사람이 수도 없었지.

정　철　나도 그 점에 대해선 유감스럽게 생각하네.

정여립　유감스럽다? 네놈들이 고문하고 처형시켜 죽은 사람이 무려 천 명이야! 천 명! 그런데 그냥 유감스럽다?

정　철　그런 뜻은 아니야. 어쨌든 다 지난 일 아닌가? 인생만사 일장춘몽인 것을 그리 따져본들 무슨 의미가 있겠는가?

정여립　자넨 지독한 이중인격자야! 자연에 파묻혀 유유자적하며 살아가는 네놈 시조만 본 후손들은 네놈이 자연을 벗하고 소박하게 살아간 사람인 것으로 착각하겠지. 하지만 네놈은 자연에 파묻혀서 소박하게 살아간 것이 아니라 자연에 파묻혀서 늘 정치적 음모만 구상한 거지. 어디 내 말이 틀렸나?

정　철　서로 관점의 차이란 게 있으니까…….

정여립　관점의 차이? 무고한 사람들을 천 명이나 죽여 놓고 관점의 차이란 말이 나오나?

정　철　노 코멘트! 난 이만 바빠서 먼저 가네!

선조는 이승만에 버금가는 비열한 군주였다

임진왜란을 맞은 선조의 나약함과 비겁함

1590년 3월에 일본으로 파견되었다가 이듬해 돌아온 수신사 황윤길과 김성일은 조정에 각기 다른 보고를 한다. 서인이었던 황윤길은 일본의 침략 가능성이 있다고 보고했고, 동인이었던 김성일은 침략 가능성이 없다고 보고하였다. 선조는 김성일의 보고를 받아들였고 일본의 침략에 대비한 준비가 전혀 이루어지지 않은 상태로 임진왜란을 맞아야 했다.

그런 상황에서 부산에 상륙한 왜군이 파죽지세로 밀고 올라오자, 선조는 야밤에 한양을 버리고 의주로 피난을 떠난다. 선조가 한양을 버리고 야반도주하듯 피난을 떠나자 당시 백성들이 임금의 가마행렬을 가로막고 길을 비켜주지 않았다 한다. 백성들의 원망을 뒤로 한 채 피난길에 올랐던 선조는 분조分朝 : 조정을 나눔를 하여 당시 세자였던 광해

율곡 선생이 즐겨 찾던 경기도 파주의 화석정 서인이 정권을 잡게 되자 동인 유성룡은 오히려 10만 양병설을 반대한 것으로 왜곡되었다.

군에게 내정을 맡기고 자신은 압록강을 건너 중국으로 도망치려 했다.

물론 명분은 명 군대의 원조요청을 하기 위해 가려 한다는 것이었지만 사신을 보내야 할 일을 굳이 선조 자신이 가려고 한 것은 누가 봐도 속이 뻔히 들여다보이는 짓이었다.

세자인 광해군은 전국 곳곳을 돌며 의병을 일으키도록 촉구하고, 전쟁터를 누비며 군과 백성들을 격려하고 다니는데, 임금인 선조는 전쟁터에서 멀리 떨어진 곳에 앉아서 오로지 명의 지원군이 오기만을 목이 빠져라 기다리는 무기력함만을 보여주었다.

이순신이 이끄는 조선의 해군이 연전연승하며 해상권을 완전 장악하자 일본군은 바다를 통한 보급로가 차단되어 병력 지원과 군수 물자의 보급에 차질을 빚게 되면서 작전에 심각한 지장을 받게 되고 당연히 그 기세가 주춤하게 된다. 그리고 전국 각지에서 일어난 의병들도 일본군에게 상당한 타격을 준다.

남의 나라 땅에 와서 싸우는 일본군은 전투 지역의 지형을 거의 모르는 반면, 의병은 자기가 태어났고 자란 지역에서의 싸움이었으므로 지형을 잘 활용한 게릴라전을 통해 일본군에 막대한 타격을 주었고, 전세를 조금씩 역전시켜 나간다.

그런데 선조는 이들에 대해 상을 내리고 격려하는 것이 마땅함에도 불구하고 예상 밖의 조치를 취하게 된다. 임진왜란 해전海戰의 영웅 이순신과 육전陸戰의 영웅 권율이 전쟁이 진행 중인 급박한 상황임에도 불구하고 투옥되고 해임되는 상식 밖의 조치들이 계속된 것이다. 또한 백성의 신뢰를 얻고 있는 의병장들을 감시하고 위협함으로써 의병장들 일부는 홍의장군으로 유명한 곽재우처럼 의병을 스스로 해산하고 은둔하는 경우까지 생겨나게 된다.

민족내부의 힘을 총결집시켜 일본에 맞서야 할 상황에서 선조와 조정 대신들은 오히려 민족 내부의 힘을 분산시키고 명 군대에만 지나치게 의존함으로써 지원군으로 온 명 군대의 횡포가 극에 달하게 했고, 전쟁 후에는 명에 훨씬 더 예속당하는 결과를 초래하였다. 당시 지원군으로 온 명 군대의 횡포로 인해 명 주둔지역의 백성들 입장에서는 명군이나 일본군이나 하나도 다를 게 없었다.

선조가 의병장들을 죽이려 한 이유

조선은 지방의 수령이 입법, 사법, 행정권을 모두 가질 만큼 지방분

권적 성격이 강한 체제였다. 그래서 지역의 민심이 왕에게 등을 돌리기만 하면 곧바로 지방 반란에 직면하게 될 가능성이 많은 사회구조였다.

이런 상황에서 선조와 조정은 전란을 맞이해서 효과적인 대응을 하지 못하고 무기력한 모습만을 보임으로써 백성들의 신뢰를 잃었고, 특히 전란이 발생하자마자 도망치기에 바빴던 모습으로 인해 왕과 조정의 권위는 완전히 땅에 떨어졌다. 이에따라 조정의 힘이 미치지 못하는 지역이 급격히 늘어나기 시작했다. 더불어 무능하고 무책임한 왕보다 의병장들을 믿고 따르는 백성들의 민심이반이 급격히 진행되어 갔다.

선조는 특히 세자로서 분조 활동을 통해 의병을 일으킨 광해군과 의병장들의 친분이 두터워진 것에 대해 의심의 눈길을 보내게 되었다. 백성의 신뢰를 확보한 세자와 각 지역 주민들의 존경을 받고 있고 무장까지 한 의병장들의 결합은 기득권층에게 위협적인 존재였다. 선조와 조정은 전쟁 중임에도 불구하고 자신의 권력에 위협을 줄만큼 백성들의 신뢰를 받고 있고 영향력이 큰 의병장들에 대해서는 온갖 정치적 술수를 다 써서라도 반드시 제거하려 하게 된다.

그러한 음모의 첫 번째 희생자가 된 것이 바로 의병장 김덕령 장군이었다. 그는 29세의 젊은 나이에 반란 사건에 연루되어 혹독한 고문을 받다가 숨지게 된다. 당시 선조와 조정이 명 군대에 지나치게 의존하려

했고, 또 전투에서 명 군대의 공은 크게 부각시킨 반면 의병들의 공은 축소시켰던 것도 당시 지배계층의 비열한 일면에 불과하다.

의병장 김덕령의 죽음

임진왜란이 일어나자 김덕령은 전라도 광주와 담양에서 의병을 일으켰다. 그는 권율 장군의 휘하에 들어가 경상도에서 의병을 일으킨 홍의장군 곽재우와 협력하여 여러 번 일본군에게 막대한 타격을 입히며 공을 세운다. 그는 이순신의 해군, 그리고 곽재우의 의병과 연합해 작전을 펼치기도 하였고 그들과 친밀한 관계를 갖게 된다.

그는 1596년, 충청도 부여에서 반란을 일으킨 이몽학을 토벌하러 갔다가 그가 도착하기 전 이미 진압이 끝나서 회군을 하던 중, 이몽학과 내통했다는 죄목으로 압송되었다. 김덕령은 자신의 결백을 끝까지 주장했으나 결국 혹독한 고문을 받다가 옥사獄死하는 비참한 최후를 맞았다. 이 일이 있은 후 곽재우는 스스로 의병을 해산하고 은둔해 버렸고, 이순신도 전쟁이 끝난 후 자신의 장래에 대해 심각하게 고민했던 것이다.

이순신 전사설에 대한 의혹

뛰어난 전략과 과감한 공격으로 불패不敗를 자랑하던 이순신은 명과 일본에서도 찬사를 받는 임진왜란 최고의 전쟁 영웅이었다. 그러나 그의 명성이 높아질수록 선조에게 잠재적으로 최대의 적이 될 수밖에 없었다.

일본군을 피해 야반도주한 왕과 일본군과의 전투에서 단 한 번도 진 적이 없는 장군. 선조에게 이순신은 정치적으로 부담스러운 존재였고, 그에 대한 백성들의 전국적인 지지는 장차 자신의 권력에 위협을 줄 수 있다고 생각하게 되었을 것이다. 따라서 전쟁 영웅인 이순신은 언제라도 역모의 누명을 쓰고 정치적으로 희생당할 위험에 노출되어 있었다. 이럴 경우 이순신 자신과 가족은 물론이고 자신을 따르는 부하들까지 모두에게 불행이 덮치게 될 것은 불을 보듯 뻔한 사실이었고, 앞서 김덕령의 죽음을 보았던 이순신은 뭔가 결단을 내리지 않으면 안 되는 입장이 되었을 것이다. 이로 인해 이순신의 죽음에 대한 논란이 생겨나게 된 것이다.

적의 흉탄에 맞아 장렬히 전사했다는 이순신의 죽음에는 의문점이 몇 가지 있다.

첫째, 적의 흉탄을 맞은 후 작전권을 조카인 완에게 이양하고 전사한 것으로 알려지고 있다. 그런데 실전 경험이 없는 조카에게 명과의 연합군 작전권을 맡겼다는 것은 현실성이 없는 이야기다. 연합 함대를 이끈 총사령관이 전사하면 작전권은 부사령관 같은 주요 지휘관에게 넘겨야 하지 않았을까? 이것은 일개 가족간의 싸움이 아니라 국가

이순신 영정 노량해전에서 이순신 장군이 전사했다는 것이 사실일까?

간의 전쟁이었는데 말이다.

둘째, 노량해전에서 전사한 숫자가 소수인데 전사자 중에는 이순신을 비롯해 이영남, 이언량 등 임진왜란 해전의 전쟁 영웅들이 대다수 포함되어 있었다. 수많은 전투에서 불사신처럼 살아남았던 전쟁 영웅들이 한 전투에서, 그것도 전세가 유리했고 승리한 전투에서 한꺼번에 전사한 것은 우연일까?

셋째, 이순신의 죽음을 현장에서 목격했던 것은 그의 아들과 조카

이외에는 없었다. 최고 지휘부에는 수많은 장군과 장교들이 있는 것이 자연스러운 것인데, 그의 친족 이외에는 아무도 없었다는 이야기는 전혀 신빙성이 없다.

그의 죽음에는 이외에도 여러 가지 의문점들이 많다. 그의 최후에 대해 그가 일부러 적의 총탄에 맞아 장렬한 죽음을 통해 자살했다는 설도 있고, 또 그가 전사한 것으로 위장한 뒤 은둔했다는 설도 제기되고 있다. 지금에 와서 어떤 주장이 맞는 것인지 확인할 방법은 없다. 그러나 확실한 사실은 전쟁 영웅인 이순신은 전쟁이 끝난 후 자신의 거취에 대해 심각한 고민을 하지 않을 수 없는 입장이었고, 이러한 고민의 원인을 제공한 이는 바로 선조 임금이라는 사실이다. 백성을 버리고 야반도주한 뻔뻔한 임금 선조. 그는 왕으로서 모든 면에서 무능했지만 단 한 가지, 권력유지의 재주만큼은 뛰어난 왕이었다.

과거와 현재와의 대화

선조의 판박이였던 이승만 대통령

역사는 반복된다고 했던가? 1950년 6·25 전쟁 때도 이와 비슷한 상황이 생겨났다.

'국군이 공산군을 물리쳐 북으로 진격하고 있으니, 안심하고 각자 생업에 종사하라'는 이승만 대통령의 말만을 믿고 피난을 떠나지 않았던 시민들이 많이 있었다. 그러나 대통령 자신은 방송을 하기 전날 밤 이미 서울을 빠져 나갔었고, 그 방송은 서울이 아니고 대전에서 한 방송이었다. 결국 대통령의 말을 곧이곧대로 믿은 순진한 시민들은 피난도 가지 못한 채 적의 점령 하에 놓이게 된다.

UN군의 개입으로 전세가 역전되어 서울에 다시 들어온 대통령은 자신의 잘못에 대한 사과나 반성 없이 오히려 서울이 북한군 점령 하에 있던 기간 중 북한군에 협조한 사람들에 대한 처벌에 열을 올렸다. 또한 당시 국방부 장관이었던 신성모는 부산에 배를 띄워 놓고 있었다. 부산마저 적에게 점령당하면 일본으로 도피하기 위해서였다.

6·25 전쟁 중에 미8군 사령관이었던 벤플리트의 아들이 전투기 조종사로 참전했다가 전사했고, 중국 최고 권력자인 모택동의 아들도 중공군으로 참전했다가 전사했던 것을 생각하면 당시 우리 기득권층과 너무 비교가 된다. 우리나라의 기득권층은 권한과 특혜만 누리려 했을 뿐, 자신이 누리는 권한과 특혜에 걸맞는 책임은 철저히 회피해왔다고 볼 수 있다.

일본이 세계의 강자로 떠오를 수 있었던 배경에도 기득권층의 도의적 책임감이 나름대로 강하게 발휘됐기 때문이었다는 증거가 있다.

러·일 전쟁을 승리로 이끈 일본군 총사령관 노기가 함대를 이끌고 시모노세키 항구로 돌아올 때, 일본의 많은 어머니들이 부두로 몰려갔다. 일본이 승리하긴 했지만 일본 해군의 전사자가 너무 많이 발생했기 때문에 자식을 잃은 어머니들이 노기 장군에게 항의하기 위해서였다. 그러나 전사한 자기 아들 셋의 유골을 안고 내리는 노기 사령관을 보고는 모두가 같이 통곡하고 말았다고 한다.

광해군은 개혁군주로 재평가 받아야 한다

광해군에 대한 역사적 오해들

광해군은 1608년, 선조의 뒤를 이어 왕으로 즉위한 이후 15년간의 통치기간 중 이복동생인 영창대군을 죽이고 인목대비를 폐위시키는 등 연산군과 쌍벽을 이루는 패륜아이자 폭군으로 인식돼 왔다. 과연 그는 정말 패륜아였고 폭군이었을까? 광해군을 몰아낸 인조반정 이후, 『인조실록』에서 그들은 광해군의 죄목을 아래와 같이 단정하고 있다.

첫째, 배은망덕하여 오랑캐에게 싱의를 베풀었다. 이것은 명과 후금 사이에 중립외교를 편 광해군의 외교정책을 죄악으로 단죄한 것이다.

둘째, 민가 수천을 철거하고 궁궐을 지었다.

셋째, 동생을 죽이고 어머니를 폐했다. 이것은 앞서 말한 영창대군을 죽인 것과 인목대비의 폐비사건을 말하는 것이다.

당시 광해군을 왕위에서 몰아낸 반정세력들의 명분에 대해 재검토해 볼 필요가 있다.

광해군의 중립 외교

명은 오랫동안 동아시아의 강자로 군림해왔으나 점차 약화되어 가고 있었고, 후금이 새로운 강자로 떠오르고 있었다. 마침내 1618년, 명은 후금의 공격을 받게 되었고, 다급해진 명은 조선에 지원군 파병을 명령한다. 우리 역사에서는 '명령'이 아니라 '요청'했다고 기술했지만 당시 조선이 명의 사실상의 속국이었던 점을 감안하면 이것은 요청이 아니라 명령이었다. 명의 명령에 대해 광해군은 이 핑계 저 핑계를 대며 1년을 끌다 마지못해 1619년에 지원군을 파병하게 된다. 광해군이 이렇게 명의 파병 요구에 고의적으로 지연작전을 쓰며 응하지 않으려 한 데는 두 가지 현실적인 이유가 있었다.

첫째, 당시 조선도 임진왜란 이후 전후복구가 완전히 끝나지 않은 상태인지라 대규모의 병력을 파병하는 것이 경제적, 사회적으로 엄청나게 부담스러운 일이었기 때문이다.

둘째, 명의 편에 적극적으로 서게 될 경우 새로운 강자 후금의 침략을 받을 위험성이 커질 것이기 때문이었다.

그러나 당시 왕실과 사대부들의 입장은 광해군과 달랐다. 그들은 임진왜란 때 명의 도움으로 조선 왕실이 온전할 수 있었기에 조선은 명의 은혜를 갚아야 한다는 논리가 압도적이었다. 명에 대한 그들의 뿌리 깊은 사대주의가 특히 심했던 시기였다.

이런 상황 속에 명의 지원군 파병 압력을 더 이상 피할 수 없었던 광해군은 1만 2천 명의 지원군을 파병한다. 그런데 지원군의 총책임자로 임명된 강홍립은 중국 서장관(오늘날의 외교관)출신의 문신이었다. 광해군이 외교적 수완과 국제정세에 탁월한 판단력을 가진 외교관 출신의 강홍립을 지원군의 총책임자로 보낸 이유는, 정세판단을 통해 가급적 조선군이 전쟁에 깊이 발을 담그지 않게 하려 했기 때문이다.

1만 2천 명의 지원군을 이끌고 명군과 합류했던 강홍립은 후방에 남아 있다가 명군이 패하고 돌아오자 후금에 투항한다. 전쟁을 시작한 지 얼마 되지 않아 곧바로 투항한 것이다. 투항 소식이 알려지자 사대부들은 강홍립을 처벌할 것을 강력히 주장하고 나선다. 그러나 광해군의 중립외교와 절묘한 전략으로 조선은 명과 후금의 전쟁에 말려들지 않을 수 있었던 것이다.

반정으로 광해군을 쫓아낸 인조정권은 다시금 명에 대한 사대와 후금에 대한 적대정책을 분명히 한다. 그로 인해 인조정권은 후금의 침략을 받게 된다. 국제정세에 어둡고 비현실적인 외교정책이 결국 후금의 침략을 자초하였고, 그로 인해 막강한 후금에 의해 비참하게 국토를 유린 당하였다.

광해군의 대대적인 궁궐 복구

광해군이 대대적으로 궁궐을 지은 것은 두 가지 면에서 볼 수 있다.

첫째, 임진왜란 이후 전후복구사업의 일환이었다. 임진왜란 중에 경복궁과 창덕궁은 잿더미로 변해 있었다. 따라서 잿더미로 변한 궁궐을 다시금 짓는 것은 지극히 당연한 일이었다.

둘째, 왕권강화에 대한 의지의 표현이었다. 광해군이 새로이 두 개의 궁궐을 더 지은 것은 왕권강화를 위해서였다. 광해군은 후궁의 둘째 아들로 태어났기에 원래 왕이 될 수 없는 처지였으나 임진왜란에서 왕을 대신해 전쟁터를 누비며 군사들과 백성들을 격려하는 분조활동을 계기로 세자로 책봉되었다. 그러나 선조가 뒤늦게 인목대비를 중전으로 맞으면서 영창대군이 태어나자, 후궁의 아들이고 장남도 아니었던 광해군은 적장자인 영창대군의 탄생으로 인해 왕위계승이 불투명해지기도 했었다.

더구나 명은 광해군의 왕위를 인정하지 않았기 때문에 광해군은 왕으로서의 정통성이 취약했었다. 그래서 왕권강화에 심혈을 기울였고, 그러한 시도 중의 하나가 바로 궁궐을 짓는 것이었다. 또한 전쟁 중에 불에 타 없어진 용비어천가를 새로 발간하는 등 왕권강화에 주력했었다. 이러한 왕권강화를 통해 그는 개혁정치를 실현시키려 하였다.

인목대비의 폐비사건

대동법을 통한 광해군의 개혁정치에 기득권층의 반발이 거세지던 시점에 역모사건이 발생했다. 그런데 그 배후에 영창대군이 연루되자 광해군은 왕권 도전에 대한 불씨를 없애기 위해 영창대군을 처형하고 영창대군의 어머니인 인목대비를 폐위시켰다. 이것은 효를 강조하는 당시의 사회적 정서에서 광해군을 효과적으로 비판하고 공격할 수 있는 명분을 제공했다. 그러나 왕권을 위협한다고 판단했던 상황에서 형제는 물론이고 자식까지도 죽였던 조선왕조의 권력사를 생각해보면 광해군만의 특수한 경우도 아니었다. 태종도 왕권강화를 위해 형제들을 죽였으며, 세조도 마찬가지였다. 더구나 영조는 아들을 죽이기까지 했었다.

인조반정의 실질적 원인

광해군을 몰아낸 인조반정의 대외적인 명분은 형제를 죽이고 어머니를 폐위시킨 패륜에 대한 응징이었지만, 실제적인 원인은 광해군의 개혁정치로 상당 부분을 잃었던 기득권 세력의 반발이었다. 즉위 이후 왕권강화를 시도했던 광해군은 탄탄하게 다져진 왕권을 바탕으로 개혁성향의 북인들을 대거 기용하게 된다. 이것은 임진왜란 중에 의병활동에 나선 사대부들이 대부분 북인이었고, 세자로서 의병을 격려

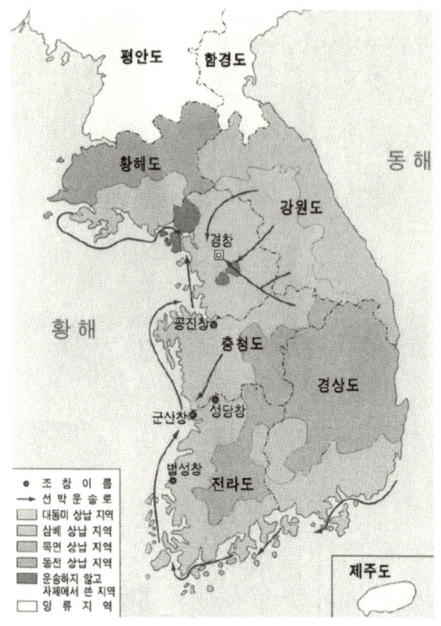

대동세 운송로 광해군이 시행하려다 실패한 대동법은 현대적 의미로 볼 때, '소득에 따른 소득세 차등부과'라는 점에서 매우 혁신적인 제도였다.

했던 광해군 사이에 이미 깊은 신뢰관계가 형성되어 있었기 때문에 자연적인 결과였다.

광해군이 시행한 개혁정치의 핵심은 대동법이었다. 대동법의 취지는 가난한 농민들에게는 세금을 부과하지 않고, 땅을 가진 지주에게만 쌀로 세금을 거둬들이는데 있었다. 이율곡이 제안한 대동법은 선조 때 시행하려 했다가 기득권층의 반발로 무산되었으나, 임진왜란 이후 국토의 반 이상이 황폐해져 생활이 극도로 어려워진 농민들을 위해 기득권층의 반발에도 불구하고 강행된 것이다.

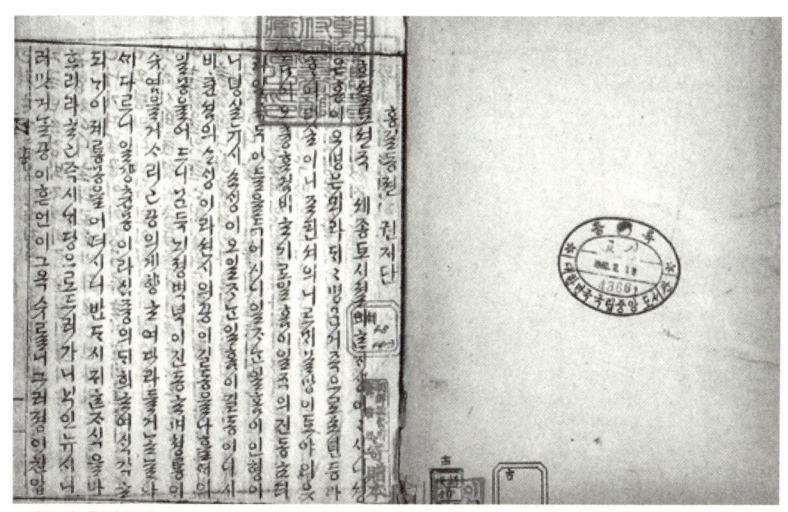

허균의 홍길동전 인조반정으로 정권을 잡은 세력들에 의해 폭군으로 폄하된 광해군은 중립외교를 통해 전쟁을 피하고 개혁을 시도하다 좌절된 불운한 군주였다.

또한 명에 대한 오랜 사대정책에서 벗어나려던 광해군의 중립외교도 기득권층의 불만과 불안을 가중시켰다. 당시 기득권층은 명에 대한 사대주의가 지나칠 정도였다. 그러나 사대주의를 단순히 앞뒤가 꽉꽉 막힌 사람들의 고루한 사상으로만 보는 것은 옳지 못하다. 당시 기득권층의 사대주의 본질을 파악하려면 새로운 시각에서 바라보아야 한다. 식민지 상태에 있는 나라의 기득권층이 기득권을 계속적으로 유지하려면 직접적이던 간접적이던 지배국과 어느 정도의 유착이 불가피하다는 시각에서 보아야 한다.

당시 조선은 왕의 즉위와 세자책봉을 비롯해 국가의 중대한 결정을 명에게 허락받아야 했다는 점에서 독립국가라기보다는 속국에 가까웠다. 이런 맥락에서 바라보면 명에 대한 사대주의는 속국인 체제에서 기득권을 지속적으로 유지하기 위한 기득권층의 당연한 활동이라 볼 수 있다.

원의 지배를 받던 고려 말의 기득권층이 원과 명의 전쟁에서 원에 대한 사대주의를 들고 나왔던 사실과 일제시대 기득권층이 일본의 패망을 바랐겠는지 생각해 보라. 명의 오랜 지배 속에서 기득권자의 사대주의는 단순한 사상의 고루함이 아니라 기득권을 유지하기 위한 사상적 무기가 된 것이라고 볼 수 있다. 따라서 명의 지배로부터 벗어나려는 광해군의 중립외교가 기득권층과 갈등을 불러일으킨 것은 너무도 당연한 결과라 볼 수 있다.

광해군에 대한 새로운 평가

광해군은 명과 후금 사이의 전쟁에서 어느 쪽에도 말려들지 않는 중립외교를 통해 주변 강대국들의 침략을 피하려 한 현실적이고 감각적인 왕으로 평가해야 한다. 광해군은 중립외교를 통해 침략전쟁을 피하는 동시에 화약도감을 설치해 무기제작에 심혈을 기울인다. 영의정을 화약도감의 책임자로 삼았다는 것은 그가 나라의 힘을 키우고자 무기제작에 얼마나 많은 공을 들였는지를 상징적으로 보여주는 것이라 할 수 있다.

또한 임진왜란 당시 세자로서 분조 활동의 과정에서 의병에 참여한 북인들과 친분을 쌓았고, 왕이 되자 개혁성향의 북인들을 조정대신으로 중용하면서 개혁을 시도했던 광해군은 개혁군주로 평가해야 마땅하다. 영창대군의 처형과 인목대비의 폐비사건을 계기로 결집한 기득권 세력의 총궐기로 왕위에서 폐위당하고 제주도에 유배되어 19년간 갇혀 지내다가 홀로 쓸쓸히 죽음을 맞이한 광해군은 개혁을 시도하다 좌절당한 불행한 군주였다고 재평가해야 마땅하다.

덧붙여 읽기

광해군과 인조 중 누가 더 잔인했는가?

광해군은 인목대비를 폐비시켰다. 인조는 그것을 있을 수 없는 패륜이라 하여 광해군을 내쫓고 왕이 되었다. 그런데 왕이 된 인조는 어찌 했는가? 아들인 소현세자를 독살했고, 며느리인 세자빈에게도 사약을 내려 죽였다. 그리고 소현세자의 세 아들을 유배지로 보낸 후 거기에서 두 손자를 죽게 했다. 형제들을 죽인 태종, 아들을 죽인 영조가 있었지만, 인조처럼 아들, 며느리, 손자까지 싹 죽일 만큼 잔인했던 왕은 없었다. 조선의 왕들 중 인조야말로 가장 잔인한 왕이었던 것이다.

광해군과 노무현의 공통점

조선의 역대 왕 중에서 가장 개혁적인 성향을 가진 왕은 광해군이

광해군의 묘 광해군은 왕위에 오르고도 주류 기득권 세력으로부터 거센 저항을 받았다.

었고, 해방 이후 한국에서는 노무현 대통령이 가장 개혁적이라 평가되고 있다. 이 두 정권 사이에는 몇 가지 공통점이 있다.

첫째, 기득권층의 비주류가 집권자가 되었다는 점이다.

광해군은 선조와 중전에게서 태어난 적자適子가 아니라, 후궁에게서 태어난 서자庶子였다. 더욱이 왕위계승에 있어서 장자상속의 원칙이 우선하던 조선사회에서 맏아들이 아니라 둘째 아들로 태어난 광해군은 엄밀히 말하면 기득권층의 비주류였다.

노무현 대통령은 판사 출신의 엘리트였다는 점과 국회의원, 장관을 지냈다는 점에서 기득권층에 속해 있었으나 서울법대 출신들로 장악된 법조계에서 고졸 출신의 비주류였고, 호남을 기반으로 한 민주당 내에서 영남 출신의 비주류였다.

둘째, 비주류였던 한계를 대중적 지지로 극복하고 집권에 성공했다는 점이다.

광해군은 후궁의 둘째 아들이라는 한계로 인해 세자 책봉에서 집권까지 많은 반대에 부딪쳤다. 특히 선조가 죽기 얼마 전에 왕후로 맞아들인 인목왕후가 영창대군을 낳으면서, 선조가 왕위를 영창대군에게 계승하려 했기 때문에 그가 왕위에 오르는 길은 가시밭길의 연속이었다. 그는 임진왜란 중에 북으로 피신한 선조를 대신하여 각지에 의병 활동을 일으키고 백성들을 격려하면서 눈부신 활동을 통해 백성들에게 강한 인상을 남겼고, 특히 정인홍, 허균을 비롯한 개혁성향의 양반층으로부터 강력한 지지를 끌어냈다. 그리고 이로 인해 비주류의 한계를 극복하고 집권에 성공하였다.

노무현 대통령도 마찬가지였다. 그는 호남을 지지기반으로 한 민주당내에서 영남출신이었고, 민주당의 창당에 기여한 주류 인맥도 아니었다. 그는 민주당내에서도 비주류였으며, 재야, 시민단체, 전교조 등의 비주류와 코드를 맞추어가며 정치생활을 해왔기에 더더욱 비주류의 길을 걸어왔다. 그러나 그는 기존의 정치인들에 대한 대중의 실망과 변화를 바라는 대중의 심리를 강하게 흔들었다. 대권에 도전할 만한 조직도 없고 자금도 없었지만 이러한 한계를 대중의 강한 지지로 극복하고 집권에 성공하였다.

셋째, 집권 초기부터 기득권층의 우려와 함께 조직적인 반발에 직면했다는 점이다.

노무현 대통령 선서식 2003년에 출범한 노무현 정권은 건전한 보수 정권임에도 불구하고 주류 보수파들로부터 거센 저항을 받았다.

 광해군은 왕위에 오르게 되는 과정에서부터 기득권층의 심한 견제를 받았고, 특히 대동법의 실시로 상징되는 개혁정책이 시작되자 기득권층의 강한 반발에 직면하게 되었다. 그는 적자이자 이복동생인 영창대군을 죽이고 인목대비를 폐위시키는데, 이것에 대해 패륜이라 하여 그를 비판하는 세력들에 의해 사면초가의 위기에 처하게 되었다.

 노무현 대통령도 집권하자마자 기득권층은 그의 개혁정책이 미치게 될 파장에 대해 의혹과 경계의 눈길을 보내기 시작하였고, 개혁성향의 법무부 장관을 임명하며 사법부 개혁을 시작하자 보수 언론을 내세워 비난의 포문을 열면서 비판적 여론을 불러 일으켰다.

 넷째, 광해군 자신이 기득권층의 비주류였고 그의 지지세력도 비주류 출신이었기에 다수의 개혁반대 세력에 둘러싸인 소수였다는 것이다.

광해군은 기득권 세력이 대동법에 반발하자 초기에는 단호하게 맞섰으나 그를 지지하는 개혁세력이 소수였던 한계로 점차 개혁을 전면적으로 밀어붙이는데 있어서 망설임이 심했고, 결국 상당 부분 타협의 길을 택했다. 그리고 타협으로 인해 개혁반대 세력에 대한 인적청산을 포기했고, 엉뚱하게 기득권 세력이 반격할 힘을 기를 수 있는 시간적 여유를 주게 되었다.

노무현 대통령은 사법부 개혁에 대한 반발을 시작으로 펼쳐진 기득권 세력의 저항을 막아내야 할 시점에서 자신과 그의 실질적인 지지세력인 집권 여당에서조차 비주류였기에 조직적이고 체계적인 대응을 할 수 없었고, 시간이 더 지나자 자신의 지지층이었던 노동계 일부의 막무가내식 밥그릇 챙기기에도 대응해야 하는 복잡한 상황에 놓이게 되었다.

이런 상황 속에서 일부 보수 언론들의 치밀한 '노무현 흠집내기'가 위력을 발휘하면서 개혁지도자로서의 카리스마에 손상을 입었고, 개혁반대 세력에게는 자신감을, 지지층의 일부에게는 실망을 안겨 주면서 지지율이 하락하였다.

다섯째, 심각한 경제난 속에 집권하였다는 점이다.

광해군은 임진왜란으로 국토가 파괴되어 생산력이 떨어지고 이로 인해 농민들의 생활이 피폐해진 상황에서 왕위에 올랐다. 그가 대동법을 과감하게 실행한 배경에는 백성들의 경제적 파탄이 있었던 것이다.

노무현 대통령은 세계경제가 불황기에 접어들면서 우리 경제도 불황 속에 빠져들게 되는 외부적 환경과 전임정권의 경제정책이 남긴 문제들, 즉 구조조정의 실패와 부동산 투기 재현이라는 내적 환경 속에 집권하였다.

과거와 현재와의 대화

조세제도 개혁

　1608년에 집권한 광해군 정권은 부왕인 선조 때부터 논의되었으나 기득권층의 반발을 우려해 유보됐던 대동법을 전격적으로 시행하였다. 대동법의 핵심은 과세기준의 변화에 있었다. 이전까지는 가호수家戶數를 기준으로 부과했기 때문에, 토지소유의 정도와 관계없이 잘 살든 못 살든 똑같이 세금을 내야했다. 그러나 대동법 시행으로 토지 소유정도에 따라 차등과세가 이루어지게 되었다. 오늘날 많은 국가에서 시행하고 있는 소득액에 따른 차등부과가 대동법의 핵심적인 내용인 것이다.

　그러나 1608년, 경기도에서 시범적으로 시행한 대동법이 전국으로 시행하기까지 무려 100년이 걸렸다. 물론 기득권층의 저항에 대한 우려 때문에 시행이 지연되었고, 기득권층의 눈치보기와 타협으로 인해 완전히 실시될 즈음에는 대동법이 무의미한 제도가 되어 버렸다. 토지를 소유한 양반들이 자신의 땅을 소작하는 농민들에게서 소작세를 거둘 때 자신들이 내야 할 대동세까지 얹어서 받았고, 결국 토지 소유자가 내야 할 세금을 소작농들이 내게 됨으로써 대동법을 시행한 취지가 완전 실종되었던 것이다.

　광해군은 대동법으로 개혁을 시작했지만 속도가 늦어지면서 거꾸로 기득권층의 반발에 밀려버리고 말았다. 그런데 이것은 우리의 상황과 똑같은 모습이기도 하다. 군사정권이 끝나고 문민정부로 넘어오면서 시작된 개혁의 시도가 IMF라는 특수한 상황을 맞으면서 기득권층의 저항에 완전히 원위치 되고 말았다.

1970년대 이후 부동산을 이용한 부의 축적, 즉 부동산 투기가 기득권층에게는 엄청난 불로소득을 안겨 주었고, 일반 서민들에게는 상대적 박탈감과 노동의욕의 상실을 가져왔으며, 빈곤층에게는 거리의 노숙자로 밀려나는 고통을 안겨 주었다.

1990년대 초반에 국민적 합의 속에 제정된 '토지초과이득세'는 기득권층의 끈질긴 반발과 조세저항으로 인해 헌법재판소에서 위헌으로 판정되어 폐지되었다. 토지초과이득세의 핵심은 본인의 노력과 관계없이 토지가격이 상승하는 경우, 예를 들면 갑자기 자기 소유의 토지 주변에 지하철역이 생기면서 토지가격이 상승해 이익을 보는 경우, 그 이익의 일부를 국가가 세금으로 환수하겠다는 취지다. 그런데 이 법이 헌법재판소에 의해 위헌결정이 난 것이다.

뿐만 아니라 소득의 크기에 따라 세금의 크기를 정하겠다는 취지의 금융소득종합과세의 시행도 기득권층의 반발로 그 시행시기가 한없이 늦추어졌다. 그리고 기득권층이 상속세를 피하기 위한 제도로 악용하고 있는 무기명 장기채권도 만들어졌다. 무기명 장기채권은 채권거래를 가명으로 하기 때문에 상속세를 한 푼도 물지 않고 합법적으로 재산상속을 가능하게 해주었다. 한마디로 기득권층에게 대한민국은 가히 천국 같은 곳이 되어 버렸다.

토지를 잔뜩 사들이고, 몇 년만 묵혀두면 그것이 황금알을 낳는 거위가 되고, 금융소득종합과세의 후퇴로 엄청난 소득세를 면할 수 있는 편한 길이 생겼으며, 무기명 장기채권으로 자기 자식들에게 한 푼의 상속세 없이 고스란히 물려줄 수 있는 길이 열린 것이다. 호황기에는 임대

소득을 대폭 늘려 수입을 올리고, 불황이 오면 정부가 주도하는 경기부양을 위한 부동산 정책에 참여해 부동산 투기로 또 한번의 대박을 터뜨릴 수 있는 기득권층의 천국이 대한민국인 것이다.

이렇게 개혁이 거듭해서 실패하는 이유는 무엇 때문일까? 그것은 광해군의 개혁이 실패한 이유와 같을지도 모른다. 동서고금을 막론하고 개혁은 집권 초기에, 즉 기득권 세력의 반발이 거세지기 전에 전광석화처럼 실행하여야만 가능했다. 뿐만 아니라 평민들이 가장 절실히 원하는 부분에 대한 근본적인 해결책을 제시하고, 그들을 강력한 지지기반으로 만들어야만 기득권층의 반발을 제압하며 지속적인 개혁추진을 해나갈 수 있었다.

그런 점에서 광해군의 개혁과 1990년대 이후의 역대정권들의 개혁 시도가 실패한 원인 사이에는 중요한 공통점이 있다. 각각 다른 상황이긴 했으나 어쨌든 외치外治에 몰두하면서 개혁 속도가 떨어졌고, 개혁의 지체로 인해 민중들의 지지도가 떨어지고, 기득권층의 반발이 거세지면서 양측 사이를 왔다갔다하는 갈지자행보를 보이게 되었다.

이로 인해 민중들에게는 실망을 안겨 주었고 기득권층에게는 만만하게 보이면서 집권 후반기에는 전례 없는 레임덕 현상집권 말기 권력누수현상을 보이게 되었고, 급기야 개혁의 계승은 커녕 자신들의 안전을 걱정할 처지로 전락했다는 점이다.

하늘나라에서 나눈 대화

광해군 Vs 허균

허 균   폐하가 패륜아이자 폭군이었던 것으로 알려지고 있는 것을 아시옵니까?

광해군 하하하, 이보게 허균! 원래 역사는 승자의 기록이 아니던가? 당연히 그럴 거라 생각하고 있었네.

허 균   당시에 폐하에게 기득권 세력이 반기를 든 진짜 이유가 무엇이었을까요? 역사에서는 인목대비 건이 결정적인 것으로 기록하고들 있던데요.

광해군 이 사람아! 나와 같은 시대를 살고도 몰라서 묻나? 결정적인 건 대동법 때문이지. 부왕께서 기득권 세력의 반발로 하지 못했던 걸 내가 했잖은가. 그들은 기득권을 인정하지 않고 근본적인 개혁을 하려고 했던 내게 위협을 느꼈던 거지.

허 균   그러하옵니다. 그래서 기득권층이 폐하에게 반발했고, 폐하도 한치의 양보 없이 단호하게 반발을 억누르셨사옵니다. 그런데 제가 궁금한 것은 폐하가 결국 기득권 세력에 밀려나고 그래서 개혁이 중단될 수밖에 없었던 진짜 이유이옵니다.

광해군 가슴 아픈 이야길 또 시키는군. 뭐 궁금하다니 말해주지. 내가 결국 밀린 건, 개혁의 속도가 너무 느렸기 때문일세. 무슨 말인고 하면, 개혁 저항 세력에게 힘을 결집하고 반격할 시간을 주지 않으려면 전광석화처럼 개혁을 추진했어야 했는데 그렇게 하지 못했다는 말일세. 그래서 내가 그들의 반격으로 오히려 당한 거지.

허 균 하오면 개혁의 속도를 좀 더 빨리 할 수 없었던 이유는 무엇이었는지요?

광해군 왕위에 오르면서 나는 개혁을 내 나름대로 빠르고 과감하게 했다고 생각하네. 그런데 개혁의 기틀이 잡혀갈 때 쯤, 청이라는 변수가 생겼지. 중국 대륙에 명청明淸의 변화가 오면서 난 강대국의 전쟁에 휘말리지 않기 위해 명과 청 사이에서 줄타기 외교를 했네. 그런데 그 일이 워낙 중요하고 골치 아프다보니 내부 개혁에 아무래도 소홀해졌지. 우리가 강대국의 전쟁에 잘못 휘말려들면 나라 자체가 멸망할 수도 있는 심각한 상황이었고, 그래서 난 개혁보다 청과 명의 세력 판도에만 늘 신경을 쓰게 됐지. 그러는 중에 기득권 세력은 점점 더 크게 힘을 결집했고, 마침내 내게 반격을 가하게 된 거지.

허 균 참으로 안타까운 일이옵니다.

광해군 자네가 쓴 『홍길동전』 잘 보았네. 그 당시 자네도 나도 다 같은 서자 출신이다 보니 서로 통하는 데가 있었지?

허 균 그랬사옵니다. 그런데 요즘 폐하에 대해 일부나마 재평가를 하려는 분위기인 것 아시옵니까?

광해군 허허허, 듣기 싫은 소리는 아니네만 인생만사 일장춘몽인 것을……. 아무튼 듣기에 싫은 소리는 아니네.

조선시대 북벌론, 왕권은 안정됐지만 백성들은 더 죽어났다

인조의 극단적인 반청(反淸) 감정이 부른 화

1637년, 인조는 그의 장남인 소현세자와 함께 삼전도에서 청태종에게 무릎을 꿇고 신하의 예를 갖추는 굴욕적인 무조건 항복을 하였다. 청이 소현세자와 둘째 아들 봉림대군(후에 효종)을 볼모로 잡아 철군한 후, 인조와 조정에서는 삼전도의 치욕을 씻어야 한다는 반청의 분위기가 조금도 누그러들지 않았다.

청에 볼모로 끌려간 소현세자와 봉림대군은 심양에 '심양관'을 짓고 거주하였는데 이 둘의 모습이 정반대였다. 봉림대군은 부왕(父王)인 인조, 그리고 조정과 마찬가지로 청에 대한 복수심을 불태웠던 반면에 소현세자는 청이 이미 동아시아의 절대강자로 부각된 현실에서 청과 적대적인 관계가 되는 것은 국익에 절대적으로 손해라 판단하였

삼전도비 부조 인조는 남한산성을 나와 삼전도(三田渡)에 설치한 수항단(受降壇)에서 청태종에게 굴욕적인 항복을 한다.

다. 그래서 그는 차기 임금으로서 늘 청과의 관계를 원만하게 하려 했고, 자연적으로 청의 관리 및 장군들과 친밀한 유대관계를 만들어 나갔다.

이런 와중에 청과 조선 사이에 항복조건의 이행을 둘러싸고 심각한 갈등이 생기기 시작했다. 삼전도의 치욕을 통해 청에 대한 맹목적인 적대감이 고조된 인조의 조정은 국제정세의 변화를 아직도 제대로 파악하지 못하고 있었다. 그래서 그들은 이미 빈사상태에 빠진 명의 재기에 대한 기대를 버리지 못한 채 청에 대한 항복조건의 이행을 고의적으로 지연시키고 있었고, 이로 인해 청은 조선을 재응징해야 한다는 논의가 활발해질 조짐마저 보이는 시점이었다.

소현세자는 이러한 불협화음을 해결하기 위해 중립적인 입장에서 양국의 입장을 조율하는데 온 힘을 쏟았다. 이 과정에서 그는 뛰어난 조정능력을 발휘하여 청 관리들로부터 칭송을 받았고, 청 정부도 조선의 대화창구를 소현세자로 단일화시킨다. 그러나 이로 인해 소현세자는 숭명반청崇明反淸의 깃발을 내리지 않고 있던 조정대신들에 의해 집중적인 공격 대상이 된다. 극단적인 반청反淸의 분위기 속에서 소현세자의 실리적이고 타협적인 태도가 반민족적反民族的인 행위로 매도된 것이다. 뿐만 아니라, 그는 부왕父王인 인조에게도 미움과 의심의 대상이 되었다.

청에 대한 적개심으로 불탔던 인조는 청과 타협적인 태도를 갖는 소현세자가 못마땅했던 것이다. 그리고 그는 소현세자에게 왕위를 빼앗길지 모른다는 두려움을 갖게 되었다.

역사적으로 권력에 있어선 아버지와 아들 사이에도 절대로 양보가 없다. 인조는 몽골의 지배에 놓여있던 고려의 왕자들이 몽골의 후원을 받아 왕위를 노린 전철을 소현세자가 밟으려 할지 모른다는 의심을 갖게 된 것이다. 그래서 인조는 청에 다녀오는 역관들을 통해 소현세자의 동정을 파악하였고, 직접 심양에 사람을 보내 소현세자와 청 관리들의 관계를 은밀히 염탐하기도 하였다.

아무튼 청이 조선과 대화창구를 소현세자로 단일화시킨 후 그에 대한 청의 신뢰가 높아지면서 인조에게 소현세자는 이제 아들이 아니라 최대의 정적政敵이 되어 버리고 말았다.

1644년, 청은 명을 멸망시켰고 더 이상 조선의 세자들을 잡아둘 필요가 없게 되자 소현세자를 조선으로 되돌려 보내준다. 그러나 1645

년 1월, 8년간의 볼모생활을 마치고 돌아온 소현세자는 인조에게 철저하게 미움만 받다가 귀국한 지 두 달 만에 의문의 죽음을 당한다. 그는 불행하게도 자신의 아버지인 인조에 의해 독살을 당한 것이다.

그가 인조에 의해 독살되었다는 증거는 요약하면 네 가지이다.

첫째, 『인조실록』에 기술된 그의 시신상태에 대한 기술이다. 세자는 병이 난 지 삼일 만에 죽었는데, 온몸이 전부 새카맣고, 몸의 아홉 구멍에서 선혈이 낭자했다. 이것은 그가 독살되었다는 움직일 수 없는 증거다.

둘째, 왕이나 세자가 죽으면 의관에게 특별한 잘못이 없어도 국문을 받았는데, 소현세자에게 침을 놓았던 의관 이형익은 아무런 조치를 받지 않았다. 이형익을 국문할 것을 주장했던 대사헌 김광현은 유배를 당했고 이형익은 끝까지 비호됐다.

셋째, 인조는 소현세자가 죽은 뒤 장자상속이라는 관례를 무시하고 봉림대군(효종)에게 왕위를 넘긴다.

넷째, 소현세자의 부인인 강빈을 역모로 몰아 사약을 내려 처형했고, 그의 세 아들을 제주도로 유배시켰다.

극단적인 반청 감정과 권력에 대한 욕망으로 인해, 인조는 자기 아들과 며느리를 죽이고 자신의 손자들에게까지 혹독한 조치를 취한 것이다.

덧붙여 읽기

바람피운 여자를 지칭하는 '화냥년'의 유래

바람피운 여자를 지칭하는 '화냥년'이라는 욕은 '환향녀還鄕女'라는 말에서 유래했다. 1637년, 병자호란 당시 청은 조선의 여인 50만 명을 강제로 끌고 갔다. 청이 이들을 끌고 간 이유는 그들의 부모에게서 돈을 받고 풀어주려고 했던 것인데, 끌려 간 여인들 대부분이 가난한 집의 딸인지라 청에 가서 큰 돈을 주고 풀려난 경우는 드물었다.

하지만 목숨을 걸고 청에서 탈출하여 고국 땅을 밟은 여인들은 '몸을 더럽혔다'며 손가락질하는 냉대와 멸시를 견디지 못하고 목을 매는 일이 허다했다. 청이 순결을 빼앗았다면, 조국은 목숨을 빼앗은 것이다. 청에서 돌아오는 여인의 숫자가 늘고 이들이 남편에게 버림받아 자살하는 사례가 급증하자 조선의 조정은 홍제동 개울에서 더럽혀진 몸을 씻는 것으로 일체의 과거사를 묻지 못하게 했으나, 이런 '눈 가리고 아웅'식의 조치로는 이들의 불행을 막아 줄 수 없었다. 결국 청에 끌려가 모진 고생 끝에 목숨을 걸고 탈출한 조선의 여인들은 목을 매 자살하거나, 씨받이로 살아가거나, 혹은 매춘으로 살아가는 비참한 상태로 전락하였다.

한반도에 태어난 우리의 여인들이 당한 수모는 이때만이 아니었다. 병자호란이 있기 불과 45년 전인 임진왜란 당시에도 마찬가지였다. 임진왜란 당시에도 왜군에게 몸을 빼앗긴 조선의 여인들은 남편으로부터 이혼을 요구당했다. 고상(?)하게도 '가문의 명예를 더럽혔다'는 것이 이혼의 명분이었다. 조선 조정에서 이혼을 금하자 온 조선의 집집마다 후처를 구하는 남자들의 발걸음이 바빠졌다 한다. 임진왜란 당시 왜군에게 몸을 빼앗겨 임신한 여인들을 집단으로 모여 살게 한 데서 유래한 곳이 바로 현재 미군이 주둔하고 있는 이태원異胎院이다. 자기 여인을 지키지 못해 적에게 수모를 당하게 하고도 오히려 정절을 더럽혔다 하여 버리는 조선 남자들의 무책임과 이기심으로 인해 조선 여인들은 또 다시 죽어야 했던 것이다.

효종의 북벌 추진

소현세자가 인조에게 독살된 후 1649년, 인조의 뒤를 이어 왕위에 오른 효종은 삼전도의 치욕을 씻기 위해 북벌을 조심스럽게 추진한다. 효종은 인질로 잡혀있는 동안 명 정벌을 위한 청의 전투에 수없이 끌려 다니듯 참여했다. 이러한 경험은 청에 대한 복수심을 더욱 강하게 하였고, 동시에 청에 대한 두려움도 없게 해주었다. 그는 그의 심정을 이렇게 표현하였다.

"나로 하여금 적의 나라에 들어가 있게 하여 그 형세 및 산천도리 山天道里를 익히게 하였고, 또 나로 하여금 오랫동안 적들 중에 있게 하여 두려워하는 마음을 없게 하였다."

또 그는 주자朱子의 이론을 믿고 있었다.

"오랑캐가 중원中原의 사람을 얻어 중국의 제도를 가르쳐 받아 점점 약해지고 쇠해진다."

즉, 오랑캐가 발달된 문물을 받아들이면서 용맹과 전투력은 오히려 떨어져 쇠하게 된다는 이론을 토대로 청도 오래지 않아 용맹과 전투력이 떨어져 쇠하게 될 것이므로, 착실히 준비했다가 때가 왔을 때 청을 치면 명 유민들과 청에 끌려가 살고 있는 조선인들이 적극적인 호응을 해 정청명복正淸復明을 이룰 수 있다고 확신했다.

그는 왕위에 즉위하자 먼저 김자겸을 비롯한 조정의 친청파親淸派 대신들을 몰아내고 이완, 유혁연, 원두표 등 무신들을 중용하여 군비 확충에 본격적으로 나선다. 1562년에는 북벌의 선봉부대인 어영청을 강화시켰고, 임금의 호위군인 금군을 기병화 시킴과 동시에 병력을 두 배로 늘려 강화시켰다.

뿐만 아니라, 남한산성에 주둔하고 있는 수어청을 대폭 강화시켜 한성외곽의 방비를 튼튼히 하였다. 그러나 근본적이고 대대적인 군의 증강은 재정적 어려움으로 인해 벽에 부딪치게 되었다. 임진왜란과 병자호란으로 막대한 피해를 입은 조선은 그럴만한 여유가 없었던 것이다.

더욱이 청은 효종의 바람대로 쇠해 가는 게 아니라 발달된 문물을 받아들여 더 강해져 갔다. 청의 정벌이 점점 더 불가능한 일이 되어가는데다가 전쟁의 상처가 조금씩 아물면서 현상유지를 바라는 조정 대신들 사이에 북벌을 반대하는 분위기가 생겨나기에 이르렀다. 차츰 반청反淸의 분위기가 점차 약화되면서 북벌은 흐지부지해졌고, 1659년 효종의 갑작스런 죽음과 함께 북벌도 영영 막을 내리게 된다.

북벌에 대한 평가

당시 효종과 조정이 북벌의 깃발을 치켜세운 이유는 무엇일까?

먼저 효종은 청에 볼모로 잡혀있는 동안 패전국의 왕자로서 온갖 서러움을 겪었고, 그런 과정에서 철저한 반청주의자가 되어 돌아왔다. 뿐만 아니라 그는 왕위계승 정통성에 하자가 있었다. 소현세자가 사망하면 당연히 소현세자의 큰아들이 세자로 책봉되어야 함에도 장자상속의 관례를 무시하고 소현세자의 동생이었던 효종이 세자로 책봉되었고, 인조가 죽자 왕위를 물려받은 것이다.

그래서 그는 청에 대한 그의 원한과 왕위계승 정통성을 북벌을 통해 일시에 해결하려 한 것이다. 그리고 당시의 조정이 북벌론을 강하게 주장한 것은 전쟁이 끝난 후 정권유지 차원에서였다. 어느 나라나 외세와 싸워 패하게 되면 정권 몰락이 오기 쉽다. 따라서 당시의 조정은 자신들에게 쏟아질 백성들의 반발과 비판을 반청反淸감정과 복수 쪽으로 방향전환 함으로써 정권의 위기를 타개해 나가려 한 것이다.

북벌이 실패한 이유

첫째, 청이 약해질 것이라는 효종의 예측은 완전히 빗나갔다. 청은 새로운 문물을 받아들이면서 나약해지는 것이 아니라, 오히려 제도의 정비로 국가의 지배체제를 더 확고히 하면서 동아시아 절대강국으로 자리 잡아갔다. 조선의 입장에서 청은 감히 넘볼 수 없는 엄청난 강국으로 자리 잡아갔으므로 북벌이 현실적으로 불가능하다는 인식이 점점 커지게 된 것이다.

둘째, 국가가 대대적인 군비확충을 할 만한 돈이 없었다. 조선은 임진왜란과 병자호란을 겪으면서 국토의 절반 이상이 황폐화된 상태였다. 농민들은 하루하루 풀과 나무껍질로 연명하는 처지였다. 그런데도 양반은 세금납부와 국방의 의무를 면제받는 계급이었기에 농민의 몰락은 결국 국가재정의 부실을 초래했다. 그래서 야심찬 계획이 서기만 했을 뿐 계획을 실천할 국가재정이 확보되지 않아 탁상공론에 머물고 말았다.

셋째, 북벌로 인한 왕권王權과 신권臣權의 갈등이었다. 병자호란이 끝난 직후에는 왕과 사림들 간에 북벌에 대한 이해관계가 일치해 서로 협조가 잘 이루어졌다. 그러나 세월이 흐르면서 왕권과 신권 사이에 갈등이 생기기 시작했다. 북벌 추진을 위해 효종은 무신들을 중용하고 우대했으며, 이로 인해 문신 중심인 조정에서 이에 대한 반발이 생기기 시작했다. 그리고 북벌을 위한 군비확충의 과정에서 왕의 친위군인 금위군의 병력이 대폭 증강되었고, 수도권 방위체제가 강화됨에 따라 왕권이 지나치게 강해지고 있다고 느낀 조정 대신들의 위기감이 생겨나기 시작했다.

그러던 중 농민의 몰락으로 북벌을 위한 군사비 확보에 한계를 느낀 효종은 양반들에게도 북벌을 위한 부담금을 물리려 하였고 이로 인해 왕권과 신권의 갈등이 격렬한 대결 양상으로 발전했다. 민생안정을 명분으로 북벌의 중단을 요구하는 조정 대신들과 북벌의 강행을 주장하는 효종 사이에 팽팽한 긴장감이 흐르던 시기에 갑작스럽게 효종이 죽게 되고, 그의 의문사는 송시열을 중심으로 한 당시 기득권 세력의 독살이었다는 의혹을 낳게 했다.

당시의 북벌은 본질적으로 정권유지를 위한 지배층의 고도의 정치적 술책이었고, 그로 인한 부담은 고스란히 불쌍한 백성들에게 돌아갔던 것이다.

■ 과거와 현재와의 대화

국가안보를 핑계로 한 정권유지

1637년, 병자호란에서 패한 인조의 서인 정권은 전쟁에 패한 뒤 정권몰락을 피하기 위해 북벌이라는 대규모 쇼를 연출했었다. 이것은 6·25를 거친 한국의 역대정권들에 의해 지겹도록 반복되는 쇼가 되었다.

1950년대의 이승만 정권은 북진통일이라는 구호 속에 자신의 정적들을 공산주의자로 몰아 제거하였으며, 특히 자신의 최대 정적이었던 진보당의 조봉암을 국가보안법으로 사형시키며 정권유지를 계속했다.

1963년에 군사쿠데타로 집권한 박정희 정권도 남북분단이라는 특수상황과 남북통일을 위한 강력한 정부를 명분으로 자신의 영구집권을 위한 유신헌법을 제정했다.

1980년에 민주화의 봄을 짓밟고 집권에 성공한 전두환 정권도 북한의 수공水攻, 즉 금강산댐의 증축으로 인해 저수량이 두 배로 늘어나자 북한이 이 댐을 고의적으로 파괴하면 서울이 물바다가 된다는 과장된 선전을 벌였다. 결국 대응댐을 건설해야 한다며 국민성금을 모아 평화의 댐 공사에 착수하며 위기의식을 불러일으키고 그런 분위기 속에 민주화를 외치는 목소리들을 철저히 탄압했었다.

조선후기의 불운한 혁명가, 홍경래

홍경래 혁명이 발생하게 된 배경

19세기 조선은 사회모순이 극도로 심화되고 있었다.

첫째, 안동 김씨 세도정권이 독재를 함에 따라 권력횡포와 착취가 극심했고, 이로 인해 사회전반에 걸쳐 조정에 대한 민심의 이탈이 광범위하게 생겨나고 있었다.

둘째, 19세기에 들어오면서 양반의 숫자가 급격히 늘어났으나 세도정치의 결과로 소외된 양반계층 즉, 신분은 양반이지만 먹고살기조차 힘든 양반들이 생겨나면서 이들이 체제 저항세력으로 자리 잡았다.

셋째, 평안도는 활발한 상업활동으로 빠른 경제성장을 보이고 있었지만 지역차별을 받고 있어서 지역민들의 불만이 컸었다.

넷째, 농업기술의 발달로 부농이 생겨났고 상업활동이 활발해지면서 대농이 생겨났는데, 이들 중에 자신들이 축적한 부를 권력의 횡포로 빼앗아 가는 지배계층에 대해 강한 저항의식을 갖는 이들이 생겨났다.

혁명의 기치를 높이 든 홍경래와 농민군

평안도 용강 출신인 홍경래는 몰락한 양반집 아들로서 가문을 일으키기 위해 과거에 여러 번 응시하였으나 계속해서 낙방한다. 그러는 중에 홍경래는 자신이 과거에 계속해서 떨어진 원인이 평안도 출신에 대한 차별 때문임을 알게 되면서 과거를 포기하였고, 사회체제의 모순에 눈을 뜨게 되면서 평안도 가산에서 자신과 비슷한 처지인 몰락 양반 출신의 지식인 우군칙과 의기투합하여 10년간이나 치밀한 혁명준비를 해나간다.

그는 먼저 노비 출신으로 부를 축적한 이희저를 끌어들여 혁명 자금을 확보한 후, 천연의 요새인 다복동을 근거지로 삼았다. 그리고 평민 출신으로 힘이 장사였던 홍총각을 끌어들였고, 재상출신으로 당시 세도정권에 대해 불만이 많았던 김재찬을 비롯해 평안도의 지역실력자들과 지방관리들, 그리고 유랑농민과 상인까지 광범위하게 끌어들였다. 그리하여 1811년, 마침내 혁명의 횃불을 치켜들었다.

당시 그들은 3가지를 혁명의 공약으로 걸었다.
첫째, 신인 정씨가 출현했으니 그를 임금으로 세우겠다.
둘째, 안동 김씨 세도정권을 타도하겠다.

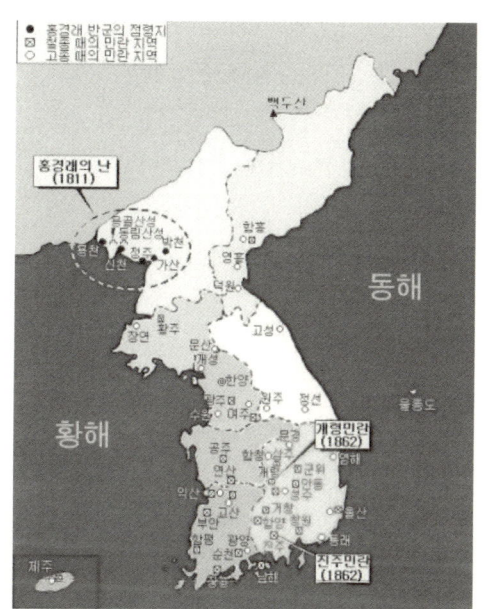

19세기 농민봉기 홍경래의 봉기는 조선 말기의 신분제도를 허무는 계기가 되었으며 그 후 전국적인 민란의 기폭제가 되었다.

셋째, 평안도에 대한 지역 차별을 철폐하겠다.

이러한 혁명공약을 걸고 거사를 감행한 지 10일 만에 가산, 정주, 곽산 등 10개 지역을 점령하는 개가를 올렸다. 그러나 곧 전열을 가다듬은 관군에게 박천, 송림, 곽산 전투에서 패하여 정주성으로 들어갔고, 보급로가 끊기고 숫자와 장비 면에서 압도적으로 우세한 관군에 대항해 4개월이나 끈질기게 버티다가 결국 1812년, 관군이 화약을 매설해 정주성을 폭파함으로써 관군에게 진압 당한다. 그리하여 1,917명의 농민군과 홍경래는 서울로 압송되어 처형당하고 만다.

홍경래 혁명의 역사적 재평가

홍경래 혁명은 1950년대까지만 해도 식민지사관의 영향으로 당쟁사적 관점에서만 바라보는 경향이 강했다. 즉 '평안도 차별에 대한 불만으로 홍경래가 벌인 반란'으로 여기는 것이 일반적이었다. 그 후 1960년대부터 지역차별에 대한 단순반란이라는 관점에서 조금씩 벗어나, 안동 김씨의 세도정치가 빚어낸 사회적 모순을 해결하려 한 반봉건투쟁으로 평가되기 시작했다.

그러나 8·15 해방 이후 계속된 역대 독재정권 하에서 혁명가 홍경래는 기피인물일 수밖에 없었고, 국사교과서에서도 '홍경래의 혁명'이 아니라 '홍경래의 난'으로 서술되었다. 하지만 홍경래가 일으킨 사건은 농민과 상인, 그리고 일부 양반계층까지 다양한 계층의 참여가 있었고, 체제를 근본적으로 거부하고 변화시키려 했다는 점에서 민란이 아니라 혁명으로 평가되어야 한다.

홍경래의 혁명은 토지문제 등 사회개혁의 구체적 청사진을 제시하지 못해 일반 농민들의 광범위한 참여를 이끌어내지 못했다는 것이 한계였다. 그러나 그의 혁명은 조선말기의 신분제도를 근본적으로 허무는 데 중요한 역할을 하였으며, 그 후 전국적으로 일어난 민란의 기폭제가 되었다. 특히 늘 지배대상이 되어왔던 하층민들에게 왕도 타도대상이 될 수 있다는 의식을 심어주는 계기가 되었다.

덧붙여 읽기

방랑시인 김삿갓

　방랑시인 김삿갓으로 유명한 김병연은 1807년에 태어났다. 그가 다섯 살이던 1811년에 '홍경래 혁명'이 일어났는데, 황해도 선천 부사로 있던 그의 할아버지 김익순이 홍경래 군을 진압하지 못하고 오히려 투항해 버린 것 때문에 홍경래 군이 진압된 이후 가족은 멸족을 당하게 된다. 그러자 김병연의 모친이 그를 데리고 영월에 숨어 살았고, 그의 나이 20세가 되던 해에 영월 관청에서 열린 백일장에 나가 장원급제를 하게 되었다.

　그러나 '가산군수 정시를 찬양하고 선천부사 김익순을 규탄하라'라는 백일장 시제에서 김익순이 자신의 할아버지라는 사실을 모르고 '한 번은 고사하고 만 번 죽어 마땅하고'라는 글을 지었다. 장원급제 후 어머니로부터 김익순이 자신의 할아버지인 것을 알게 된 그는 조상을 욕되게 했으므로 하늘을 보기 부끄럽다며 삿갓을 쓰고 평생을 방랑하였다. 전국을 방랑하며 그는 많은 시를 남겼는데 그의 시 중에는 당시의 권력층에 대한 풍자와 비판으로 뛰어난 작품이 많아 민중시인으로 불리고 있다.

과거와 현재와의 대화

혁명의 성패를 결정짓는 최대 요인은 무엇인가?

1811년, 10년간의 치밀한 준비와 다양한 계층의 후원 속에 준비된 홍경래 혁명이 실패한 가장 큰 원인은 농민들의 광범위하고 적극적인 참여를 끌어내지 못한 데 있었고, 그의 혁명이 농민들의 적극적인 참여를 이끌어내지 못한 이유는 '밥의 문제를 해결해 줄 수 있다'는 확신, 즉 토지문제 해결에 대한 구체적이고 명확한 비전을 제시하지 못한 데 있었다. 이것은 어느 시대, 어느 지역의 혁명에도 공통적으로 적용될 수 있는 사실이다.

베트남 혁명을 성공시킨 호치민의 말대로, 일반 대중의 가장 절박하고 뜨거운 관심사는 밥의 문제, 즉 '누가 내 입에 밥을 넣어 줄 수 있느냐'였다. 이런 점에서 밥의 문제에 대한 해결의 믿음 없이, 정치적 구호만으로 이들의 적극적인 참여를 기대하는 것은 몽상에 불과하다.

1811년 홍경래의 혁명과 1919년 3·1운동은 둘 다 당시의 가장 절박한 문제인 토지문제의 해결에 대해 아무런 비전을 제시하지도 않았고, 따라서 일반 대중의 적극적인 참여를 이끌어내지도 못했다. 3·1운동의 경우, 참가한 시위군중의 숫자가 많았다고 하나 사실상 일회성 참가였고 단순참가의 성격이 강했던 것이 사실이다.

그러면, 한국사회의 개혁을 성공시킬 가장 결정적 요소는 무엇일까? 그것은 주택문제에 대한 해결의 확신을 주는 것이다.

1980년대 이후 밥의 문제는 이제 먹는 것의 해결이 아니라 주택의 해결로 바뀌었다. 이제 먹을 것이 없어서 굶주리는 고통이 삶을 괴롭히는 것이 아니라 주택의 문제가 삶을 고통스럽게 하고 있기 때문이다. 뿐만 아니라 주택을 재테크의 수단으로 삼은 기득권층의 머니게임에 의해 주택 보급률이 수치상으론 100% 달성되었음에도 불구하고, 주택문제가 여전히 서민들의 생활을 괴롭히는 가장 중요한 문제가 되고 있다.

더욱 심각한 것은, 부를 축적하는 가장 빠른 길은 부동산 투자 실제로는 투기 라는 '부동산 대박 신화'를 만들어 내어 생산력과 고용창출에 가장 핵심적 역할을 담당한 기업들이 생산 설비에 대한 투자보다 부동산 투자에 열을 올림으로써 국가경쟁력의 약화를 가져오고 있다는 사실이다.

따라서 개혁이 성공하려면 주택을 이용한 재테크를 근본적으로 차단해야 하며, 그러기 위해서는 주택을 쌀과 같은 개념으로 접근해야 한다. 예를 들어 다이아몬드 같은 귀금속은 가격이 100배로 올라도 안 사면 그만이다. 하지만 집은 그렇지 않다. 능력이 안 된다고 식구들을 길거리에서 자게 할 수는 없기 때문이다. 만일 쌀이 재테크의 대상이 된다고 생각해 보라. 그 순간 경쟁에 뒤지는 사람은 굶어야 하는 심각한 문제가 생기게 된다. 집도 인간의 생존에 필수적이라는 점에서 쌀과 같다.

현재처럼 집이 재테크의 대상이 되어 있는 상황에서는 경쟁에 뒤처지는 사람들은 길거리에서 잠을 자야하는 심각한 문제가 생긴다. 뿐만 아니라 주택가격의 상승은 전·월세 가격을 상승시켜 일반 서민들의 생활비에서 믹는 밥을 줄여야 하는 참혹한 상황을 불러일으킬 수 있다.

홍경래의 혁명처럼 실패의 전철을 밟지 않기 위해서는 오늘날의 밥의 문제라 할 수 있는 주택문제 해결에 대한 구체적이고 단호한 의지와 그 청사진을 제시하고 실천해가야 한다. 그리고 이 부분에 대한 일반대중의 지지를 바탕으로 강력한 개혁추진력을 확보해야만 사회전반에 대한 개혁을 추진할 수 있고 기득권층의 반발을 누를 수 있다.

평화통일을 주장해 사형 당한 조봉암

진정한 중도파 조봉암

"가족들이 다 잘 알아서 하겠으니 별 말이야 있겠소. 결국 이승만에게 져서 이렇게 된 것인데……. 다만 한 마디 남겨 놓고 싶은 게 있소. 이 나라에서 정치 투쟁을 하다가 지면 이렇게 될 줄 짐작 못한 바 아니나 내가 마지막이 되기를 바랄 뿐이오."

―사형 집행 전 조봉암의 마지막 유언―

조봉암은 1959년에 이승만 정권에 의해 형장의 이슬로 사라진 불운한 정치인이었다. 그는 21세에 3·1운동에 참여했다가 구속되어 1년 간 옥살이를 한 후 일본으로 건너갔다. 일본에 건너간 그는 비밀결사인 흑도회에 참여해 사회주의를 토대로 독립운동을 하였다. 1932년, 일본경찰에 의해 검거되어 신의주 형무소에서 7년간 복역했고,

조봉암 이승만의 라이벌이었던 그는 평화통일론과 혁신적 정책 등을 주장하여 대중의 선풍적 지지를 얻었다.

출감 후에도 여러 차례 구속과 석방을 되풀이하면서 독립운동에 헌신하다가 옥중에서 8·15해방을 맞았다.

해방된 이후 조선공산당의 중심인물이었던 그는 박헌영과의 노선 차이로 공산당과 결별하고 남한 정부수립에 참여하여 초대 농림부장관을 지냈다. 농림부장관 시절 그는 농민에게 유리한 농지개혁법안을 작성했고, 또 농민이익단체의 조직을 시도했으나 별 성과를 거두지 못하고 1년 만에 농림부장관에서 중도 하차하게 된다. 친일파들이 정부요직에 중용되어 있었고 더구나 일제에 협력했던 대지주들이 중심이 된 한민당을 지지기반으로 했던 이승만 정권 하에서 그의 개혁 시도는 무기력하게 깨질 수밖에 없었다.

이후 그는 1955년에 진보적 성향의 인사들을 규합해 진보당의 창당을 추진하였고, 1956년에는 진보당의 대선 후보로 지명되어 3대 대통령선거에 입후보하여 이승만 정권의 엄청난 부정선거에도 불구하고 200만 표 이상을 얻었다. 이것은 전체 유효투표수의 30%를 얻은 것이다.

이에 위협을 느낀 이승만 정권은 조봉암 제거를 위해 진보당 사건을 조작하게 되었고, 결국 그는 형장의 이슬로 사라지게 된 것이다.

진보당 사건

1958년 1월, 경찰은 진보당의 당수였던 조봉암과 당 간부들을 체포하고 진보당 사건을 발표했다. 혐의는 진보당의 강령인 평화통일론이 국가보안법에 위배된다는 것과 조봉암이 이중간첩 양명산과 접선해 북한의 지령과 공작금을 받았다는 것이었다.

1심 재판에서는 조봉암에게 징역 5년이 선고되었고, 평화통일론과 간첩혐의에 대해서는 무죄인 것으로 선고되었다. 재판결과가 이렇게 나오자 이승만 정권은 극우깡패들을 동원해 법정에 난입시켜 대소란을 부리는 등 사회전체를 일대 공포 분위기에 휩싸이게 한다.

그 후 2심 재판에서는 간첩혐의가 추가되고, 국가보안법을 적용하여 사형이 선고되었으며, 1959년 2월에 대법원에 의해 사형확정 판결이 났고, 그 해 7월에 사형이 집행되었다.

"나는 비록 법에 의해 죽음의 몸이 되었다고 하여도 조국에 대한 충성은 의심할 수 없다는 것을 밝힙니다. 내 나이 딱 환갑입니다. 여러분은 나가더라도 내 구명 운동은 절대로 하지 마세요. 길 가던 사람도 차에 치여 죽고, 침실에서 자다가 자는 듯이 죽는 사람도 있는데 과히 상심 마세요."

―대법원의 사형판결을 받고 가족, 진보당 관계자들과의 면회에서 그가 한 말―

중도파의 비극

진보당 사건은 아무런 물적 증거도 없이 오로지 진보당의 강령 속에 포함된 '평화통일'이 국시에 위배되고 북한의 주장에 동조한 것이라는 것과, 조봉암이 북한의 지령을 받았다고 하는 양명산의 진술이 유일한 증거였다. 2심에서 양명산이 자신의 진술을 번복했지만 대법원은 이를 인정하지 않고 사형을 확정했다.

그때 대부분의 해외언론들은 이 사건에 대해 정적을 제거하기 위한 '사법살인司法殺人'이라고 보도했다. 당시 조봉암은 민족생존권을 지키기 위한 방안으로 미국, 소련, 유엔과의 균형 있는 외교를 통한 '평화통일론'을 주장했다. 그는 또 극좌극우를 배제한 민수대연합의 정계개편을 주장했으며, '대중의 수탈이 없는 경제개혁과 민생개혁' 등 혁신적인 정책들을 제시했다.

4·19혁명 당시 대학교수들의 시위 이승만 독재정권에 의해 사법살인당한 조봉암. 그의 죽음 이후 이승만 정권은 4·19 혁명에 의해 무너지고 말았다.

영구집권을 꿈꿨던 이승만 정권은 1956년 3대 대통령 선거에서 조봉암이 유효투표의 30%를 얻으며 대중의 관심이 더욱더 집중되고 이승만의 대체인물로 급부상해가자 경찰에 조봉암을 엮기 위한 사건조작을 지시했다. 그 지시에 따라 짜여진 각본에 의해 고문으로 받아낸 자백만으로 사형을 확정시켰는데, 그 시나리오가 너무 허술해 사건 초기부터 이 재판의 공정성을 둘러싸고 끊임없는 시비가 일어났다. 그러나 권력 말기에 접어든 이승만 정권은 우격다짐으로 밀어붙였다. 당시 야당인 민주당도 이 사건이 조작된 사건이라는 것을 모를 리 없었으나, 진보당과 경쟁적 관계라는 정략적 이익에 따라 거의 나서지 않고 방관하는 입장을 고수했다.

　1959년에 조봉암을 처형한 이승만 정권은 1960년의 대통령선거에서 대규모 부정선거를 저질렀고, 이승만 정권의 부정부패에 대항한 4·19혁명으로 이승만 정권은 몰락했다.

　이승만의 북진통일과 달리 평화통일을 주장하며 개혁적 성향을 가졌던 조봉암이 국민적 지지를 얻어가며 급부상하자, 이에 위협을 느낀 이승만 정권이 우격다짐 식으로 밀어붙여서 만든 정치적 조작사건이 바로 진보당 사건이었던 것이다. 조봉암의 죽음과 진보당의 궤멸을 계기로 통일론에 대한 공개적인 논의가 없어졌고, 중도를 표방하는 혁신정당의 싹이 잘려나가면서 우리 정치사는 오로지 흑백논리만이 존재하게 되었다. 조봉암의 죽음은 또한 아무도 돌봐주지 않는 중도파의 비극이 가장 잘 드러난 사건이라 하겠다.

제2부

지배계층이 기만한 역사적 사실들

조선의 신문고, 일반 백성들에겐 그림의 떡이었다
누가 조광조를 개혁가라 하는가?
이율곡은 실제로 10만 양병설을 주장했을까?
장희빈과 인현왕후의 대결, 권력투쟁의 대리전이었다
조선의 암행어사제도, 사실상 무용지물이었다
양반 의병운동은 진정한 애국운동이라 볼 수 없다
3·1운동의 민족대표 33인, 더 이상 우리의 민족대표가 아니다
조선물산장려운동, 왜 기만적일 수밖에 없었을까?
독립협회의 회장은 매국노 이완용이었다
이승만, 우리 현대사를 일그러뜨린 주범
베트남의 피밭에서 피어난 박정희의 경제개발 신화
인혁당 사건은 유신정권 최대의 정치조작 사건

조선의 신문고, 일반 백성들에겐 그림의 떡이었다

신문고가 생겨난 배경

"어느 날 저녁 한 소년이 임금님이 계신 궁전에서 북을 치기 시작했다. 그 북소리를 들은 임금님은 북을 친 소년을 오라 했고, 임금님 앞으로 나아간 소년은 임금님에게 억울함을 호소했다. 사연인즉, 그 마을의 못된 부자가 논과 밭을 모두 빼앗아 소년의 아버지는 몸져 누운 것이다. 소년의 말을 들은 임금님은 즉시 신하들을 시켜 못된 부자가 빼앗은 재산을 소년의 집에 되돌려 주게 하고 혼을 내주었다. 이 북이 바로 조선시대에 백성들의 억울함을 풀어주기 위해 만든 신문고였다."

위의 내용은 한 때 초등학교 국어교과서에 실렸던 이야기다. 지금도 사람들이 신문고가 백성들의 억울함을 풀어주기 위한 제도였고,

또 실제로 신문고를 통해 많은 백성들이 억울함을 풀었으리라 짐작하고 있다. 그러나 조선의 신문고는 백성들의 억울함을 풀어주는 기능을 전혀 하지 못했었고 애초부터 그럴 의사도 없었다. 일반 백성들에겐 '그림의 떡'이었을 뿐이다.

신문고는 1401년, 태종 때 송의 '등문고'를 모델로 해 만든 제도였다. 조선 초 태종은 지방수령의 권한을 강화하기 위해 일반 백성이 수령을 고소할 수 없도록 하는 악법을 만들었다. 조선은 중앙집권국가지만 현실적으로 교통의 한계와 전통적인 지방자치의 관습 때문에 지방의 수령은 사법, 입법, 행정의 모든 권한을 가진 사실상의 소군주였다. 이러한 상황에서 일반 백성들이 어떤 경우에도 수령을 고소할 수 없게 해놓았기 때문에 지방수령의 권력남용을 막을 견제장치가 거의 없는 실정이었고, 따라서 지방수령들의 횡포를 제도적으로 보장한 셈이었다.

신문고, 일반 백성에겐 '그림의 떡'

일반 백성이 수령을 고소할 수 없게 한 '금부민고소禁部民告訴'라는 악법을 만든 이도 태종이지만 실제 이 법은 태종이 상왕으로 물러나 있던 세종 2년에 만들어졌다. 백성들의 억울함을 풀어줄 신문고를 만든 사람도 태종이었다. 서로 모순되는 두 가지 제도를 모두 태종이 만든 것이다. 그럼 이

두 가지 제도를 만든 그의 목적은 무엇이었을까?

첫째, 금부민고소라는 법을 만든 목적은 무엇일까? 그것은 현실적으로 지방에 대한 완벽한 통제가 불가능했기 때문에 지방수령에게 권한을 상당 부분 줄 수밖에 없었고, 그런 상황에서는 이들이 중앙정부에 지속적으로 충성하도록 할 확실한 당근이 필요했었다. 그래서 이들에 대한 권한을 제도적으로 보장하기 위해 만들어진 법이 바로 금부민고소禁部民告訴였던 것이다. 또한 평민인 일반백성이 양반인 지방수령을 고소하게 되는 상황은 신분제도의 확립에도 문제가 될 수 있었고, 신분제도의 약화는 곧바로 왕권의 약화와도 직결될 수 있었기 때문이었다. 장기적인 관점에서 보면 왕권강화를 위한 통치술의 일환이었던 것이다.

둘째, 신문고를 만든 목적은 무엇이었을까? 조선은 지방수령의 권한이 막강했고, 더구나 앞서 언급한 대로 금부민고소라는 법으로 지방수령의 횡포에 대한 백성들의 대항을 근본적으로 불가능하게 해 놓았기 때문에 지방수령들의 횡포로부터 백성들을 보호하기 위한 제도적 장치도 필요했다. 그래서 백성들의 억울함을 중앙정부에서 직접 해결해 준다는 취지로 신문고를 만들었지만 실상은 전혀 그런 기능을 하지 못한 일종의 전시행정展示行政에 불과했다. 일반 백성의 경우는 신문고를 치는 것이 애초에 불가능하도록 제도가 만들어졌기 때문이다. 신문고가 설치된 장소는 대역죄인들을 다스리는 의금부였다. 일반 백성들은 사실상 감히 접근하기조차 두려운 곳에 신문고가 설치되어 있었던 것이다. 뿐만 아니라 단단히 마음먹고 신문고를 치려 해도 거쳐야 할 절차가 너무 복잡했었다. 서울 거주 백성은 담당 관청을 거쳐 사헌부에 호소해야 했고, 지방 거주 백성은 고을수령을 거쳐 관찰사로, 그리고 나서 사헌부에 호소하도록 되어 있었다. 사헌부의 허가를 받은 뒤에야 의금부에 가서 신문고를 치게 되는데, 의금부에 가서도 담당 관리의 신문과 조사를 받고 나서야 신문고를 칠 수 있었다. 또 신문고를 쳐도 담당관리가 왕에게 보고를 하지 않으면 그뿐인 제도였기에 일반 백성의 입장에서는 엄두를 내기 어려웠다.

특히 아무리 고소내용이 옳아도 이 절차를 거치지 않은 경우는 거꾸로 엄벌을 받았기 때문에 사실상 일반 백성들이 신문고를 울린 경우는 거의 없었다. 더구나 신문고가 설치된 곳이 서울 한 곳 뿐이었기에 지방의 백성들은 신문고를 치려면 서울까지 와야만 했다. 당시 서울에 오기 위해 필요한 비용은 오늘날로 치면 적어도 몇 개 나라를 여행하는데 필요한 금액이었기 때문에 그들에게는 현실적으로 그림의 떡일 수밖에 없었던 것이다. 결국 신문고를 이용한 이들은 주로 양반들이었고 토지나 노비의 소유권 다툼에 대한 호소가 대부분이었다.

결론적으로 신문고는 백성을 돌보기 위한 제도임을 표방했지만 실제로는 일종의 통치술의 일부였고, 일반 백성의 억울함을 풀어주는 것과는 별로 관련이 없는 한낱 전시행정에 불과할 뿐이었다.

누가 조광조를
개혁가라 하는가?

힘 있는 신하 박원종, 힘 없는 왕 중종

　1506년, 박원종이 주도한 반정反政으로 연산군이 폐위된 후, 19세의 나이로 왕위에 추대된 중종은 늘 반정공신들의 눈치를 살펴야 하는 힘없는 왕이었다.

　그는 이미 부원군 신수근의 딸과 결혼한 몸이었으나, 왕으로 추대되고 나서 공신들의 강요에 의해 본부인을 내치고 반정 공신들의 딸들과 다시 혼인을 해야만 했다.

　그는 처음에는 조강지처를 버릴 수 없다며 완강히 버텨봤지만 반정 공신들의 계속된 압력에 힘없이 무너질 수밖에 없었다. 신하들에 의해 추대된 힘없는 군주의 한계를 절감할 수밖에 없었던 것이다.

조광조 묘 우리 역사에서 조광조는 개혁가이기 보다는 유교사상의 전도사였을 뿐이다.

중종과 조광조의 동상이몽

　1510년, 반정反政의 주도자로서 실질적인 통치자였던 박원종이 죽고 난 후 반정 공신 내부의 알력이 표면화되면서 이들의 위세가 급격히 위축되기 시작한다. 그리하여 1515년, 마침내 중종은 신진사림파들을 대거 등용시켰다. 이것은 사림파를 친위 세력으로 성장시켜 반정 공신 세력을 견제하고 왕의 입지를 강화시키려는 의도였다.

　중종이 끌어들인 사림파의 중심인물은 조광조였는데, 조광조는 젊은 나이임에도 당시 사림학자들의 절대적인 존경을 받고 있던 스타 중의 스타였다. 중종에게 발탁된 조광조는 유교를 정치의 근본으로 확립하여 철저한 도덕정치의 실현을 꿈꾸었다. 중종의 절대적인 지원 속에 조광조는 1517년, 훈구 세력에 대한 비판을 시작으로 소위 조광조식의 개혁을 추진하기 시작했다.

　첫째, 전국적인 향약을 실시했다. 향약은 지방자치를 전제로 민간의

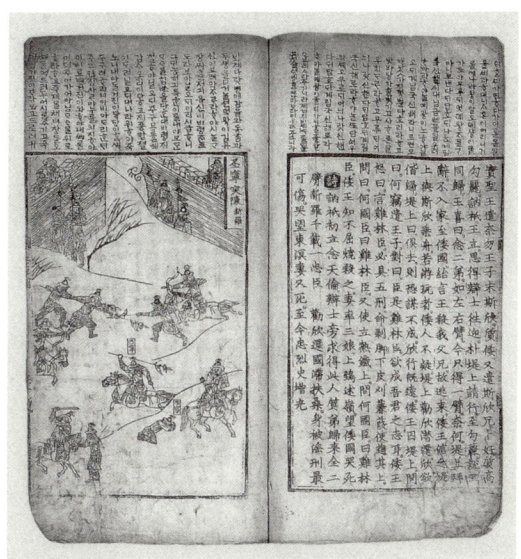

삼강행실도 언해본 삼강은 군신위강(君爲臣綱, 임금과 신하사이에는 의리가 있어야 한다.), 부위자강(父爲子綱, 부모와 자식 사이에는 사랑이 있어야 한다.), 부위부강(夫爲婦綱, 부부 사이에는 예절이 있어야 한다.)을 말한다.

규율을 정한 것이었다. 향약의 목표는 모든 백성을 유교적 도덕으로 교화시킴으로써 도덕적인 생활을 하도록 하는데 있었다.

둘째, 현량과를 도입했다. 조광조는 기존의 과거제도는 오로지 학문적 능력만을 평가하고 있기 때문에 개개인의 인격과 품행을 판단할 수 없으므로 올바른 인재를 등용하려면 기존 과거제도를 폐지하고, 학문과 인품을 동시에 갖춘 인물을 천거해 관리로 등용시킬 것을 주장했다. 중종은 훈구 대신들의 격렬한 반대에도 불구하고 그의 주장대로 천거를 통해 관리를 등용하는 현량과를 실시하였다.

향약과 현량과의 실시 이외에도 그는 『삼강행실』을 보급하고 『소학』 교육을 장려했으며 절의 신축을 금지하는 등 전국민의 유교적 교화를 위한 정책들을 펴나갔다. 그런데 현량과를 통해 기용되는 관리의 절대다수가 조광조를 추앙하는 사림이었다는 데서 심각한 문제가 발생되기 시작했다.

한쪽으로는 관리등용 기준이 불공정하다고 여긴 훈구파의 반발이 거세졌고, 또 다른 한쪽에서는 사림의 힘이 강해지면서 조광조식 개혁이 이전보다 더 경직되고 극단적인 방향으로 치닫게 된 것이다.

이때 사림세력의 강력한 지지를 등에 업은 조광조는 두 가지를 오버하게 된다.

첫째, 유교사상에 지나치게 몰두한 나머지 임금인 중종에게까지도 철저한 유교적 규범에 맞춰 생활하도록 강요함으로써 중종으로 하여금 조광조의 경직된 도덕에 염증을 느끼게 하였고, 이로 인해 중종과 조광조 사이의 협력 관계에 금이 간 것이었다.

둘째, 반정 공신세력을 완전히 몰아내려 한 것인데, 애초부터 훈구세력과 사림간의 힘의 균형을 통해 왕의 입지를 강화시키려 했던 중종의 입장에서 이것은 이전의 훈구 세력과 마찬가지로 왕권을 위협할 새로운 도전이었다. 바꾸어 말하면 훈구 세력을 견제하기 위해 끌어들인 사림의 힘이 지나치게 강해져, 오히려 훈구 세력보다 더 위협적인 존재가 되어 버리고 만 것이다.

그로 인해 중종은 조광조로 대표되는 사림 세력과 결별하고, 훈구 세력과 손을 잡아 1521년 기묘사화를 통해 사림에 대한 대대적인 숙청을 하게 된다. 이로써 4년에 걸친 조광조식 개혁은 물거품이 되고 만다. 결국 왕권강화가 목표였던 중종과 유교사회의 실현을 목표로 했던 조광조의 동상이몽이 4년 만에 깨져버린 것이라 볼 수 있다.

조광조는 유교 사상의 또 다른 전도사였을 뿐!

지금까지도 국사교과서는 조광조가 추진했던 일련의 정책들을 개혁으로 평가하고 있고, 역사학계 내부에서도 이에 대한 반론이 거의 없었다. 그러나 중종의 강력한 후원 속에 이루어진 조광조식 개혁은 엄밀히 말하면 개혁이라기보다는 일종의 도덕재무장 운동의 차원으로 보는 것이 더 정확하다. 개혁이란 '체제의 모순으로 인해 고통 받는 이들의 문제를 점진적으로 해결하려는 시도'라고 정의 내린다면 조광조의 개혁은 체제의 모순에 대한 해결과는 거리가 멀었다.

첫째, 향약은 유교적 도덕이 백성들 생활에 뿌리내리도록 하는 것이 목표였을 뿐, 훈구 세력에게 땅을 빼앗기고 고단한 삶을 살아가는 백성들의 생활을 돌보는 것과는 전혀 무관했다.

둘째, 현량과는 사림을 중앙정치로 끌어들이기 위한 발판이었을 뿐이다. 즉 기득권 내부에서 '훈구 세력에서 사림으로' 권력이 이동되었을 뿐이다. 그리고 민중의 입장에서는 훈구 세력이든 사림이든 누가 권력을 잡는다 해도 별로 다를 것이 없었다.

조광조가 추진했던 개혁은 정도의 차이는 있겠지만 본질적으로는 이슬람 원리주의 국가를 추진했던 아프가니스탄의 탈레반과 별 차이가 없다고 할 수 있다.

그런데 조광조가 이토록 개혁가로 주목을 받게 된 이유는 무엇일까?

그 해답은 간단하다. 조광조는 조선의 영원한 주류였던 사림의 일원이었기 때문이다. 또 사림의 시각에서 보면 유교 국가를 만들려고 시도했던 조광조야말로 확실한 개혁가일 수 있다. 하지만 백성의 시각에서 바라보면 조광조가 그토록 실현시키려 노력했던 유교 정치도 또 하나의 새로운 통치술 중 하나일 뿐이다. 결론적으로 조광조는 개혁가라기보다는 유교 사상의 전도사일 뿐이었다.

이율곡은 실제로 10만 양병설을 주장했을까?

시무육조(時務六條)와 비변오책(備邊五策)

이율곡은 죽기 1년 전인 1583년에 선조에게 올린 '시무6조'에서 10만 양병설을 주장하여, 10년 후에 일어날 임진왜란을 예견했던 것으로 알려지고 있다. 더불어 이황의 수제자이고 동인인 유성룡은 이율곡의 10만 양병설을 반대하였다 하여 임진왜란을 불러일으킨 과오의 주인공인 것으로 역사적 오해를 받아왔다.

하지만 유성룡은 이율곡이 10만 양병설을 주장한 것으로 알려진 1583년 이전에 이미 '비변오책'이라 하여 이율곡의 10만 양병설과 취지가 동일한 주장을 하였었다. 뿐만 아니라 그는 임진왜란 중에 이순신과 권율 같은 인재를 발굴하였고, 영의정을 지낸 그가 죽었을 때, 그의 생활이 얼마나 청빈했던지 장례를 치를 비용이 없어 백성들이 장례용품을 들고 문상을 왔다고 한다.

율곡 이이의 영정 율곡에 앞서 이미 유성룡이 전쟁대비를 주장했었다.

10만 양병설의 이면에 감춰진 진실

이율곡은 아홉 번 과거에 응시해 모두 장원으로 급제한 조선의 천재였다. 그는 퇴계 이황과 더불어 조선 성리학의 양대 산맥을 이루는 대학자였다. 이황의 학문을 계승한 이들은 영남학파라 하여 동인이 되었고, 이율곡의 학문을 계승한 이들은 기호학파라 하여 서인이 되었다. 이황과 이율곡은 각각 영남학파와 기호학파의 대표로서 경쟁관계에 있던 것으로 잘못 알고 있는 경향이 많으나, 이 둘은 경쟁관계가 아니라 서로 인정하고 보완하는 관계였다. 금강산에서 공부를 마치고 돌아온 이율곡은 23세 되던 해에 은거 중이던 이황을 찾아갔다. 이들의 만남은 단 한 번이었지만, 이율곡은 이후 이황을 스승으로 받들었

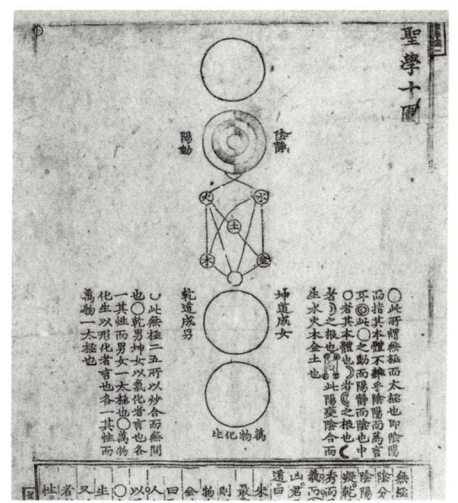

이황의 성학십도 이황과 이이는 학문적으로 서로 보완 관계에 있었으나 그들의 제자들은 정치 현장에서 동인과 서인으로 나뉘어 당파싸움을 벌였다.

고, 이황은 이율곡을 자신의 한계를 뛰어넘을 인재로 인정했었다.

이율곡의 생존 당시, 동인과 서인의 적대적 경쟁이 격렬해지자 그는 동인과 서인 사이에 중립을 지키며 양측의 중재를 시도하기도 했었다. 그러나 이황과 이율곡의 제자들은 정치 현장에서 각각 동인과 서인으로 나뉘어져 비타협적이고 적대적인 경쟁을 하게 되었고, 그에 따라 서인은 서인당파의 위대함을 선전하기 위해 스승인 이율곡을 미화시키고 동인을 깎아 내릴 필요가 있었던 것이다.

서인들의 개인문집에만 언급된 10만 양병설

이율곡이 선조에게 '시무6조'를 통해 10만 양병설을 건의했다면 내용의 중요성과 심각성을 고려할 때 『선조실록』에 언급되지 않을 리

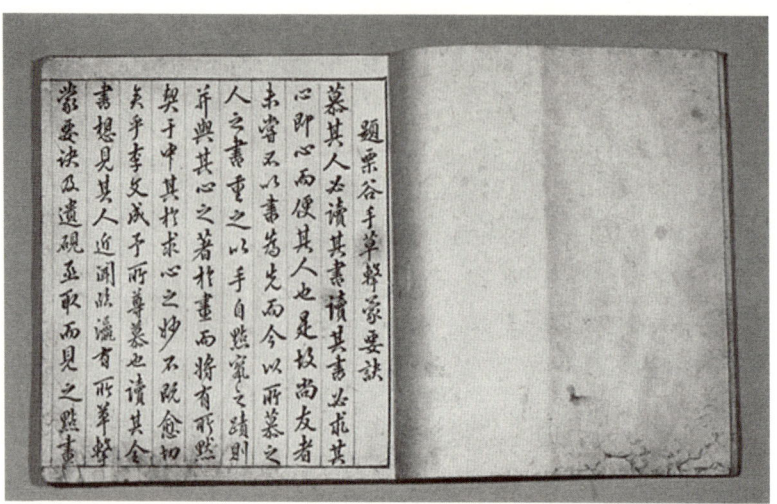

율곡 이이의 격몽요결 율곡이 임진왜란이 일어나기 전, 10만 양병설을 주장했다는 것은 서인들의 개인 문집에만 나타나는 일방적 주장이다.

없다. 그런데 『선조실록』에는 이에 대한 언급이 전혀 기록되어 있지 않다.

이율곡의 10만 양병설에 관한 내용이 언급된 사서史書는 김장생의 『율곡전서』와 송시열의 『율곡연보』이다. 그런데 이율곡의 수제자였고 서인의 초대 영수로 불려지는 김장생의 『율곡전서』는 이율곡의 개인 행적을 적은, 지금으로 하면 일종의 위인전과 같은 책이다. 김장생의 수제자격인 송시열의 『율곡 연보』 역시 마찬가지였다.

결국 이율곡의 제자들인 서인들의 개인문집을 통해서만 이율곡의 10만 양병설이 나오고 있기에 객관성이 떨어지는 측면이 많다. 그 후에 나온 『선조수정실록』에서 이율곡의 10만 양병설이 기록되어 있긴 하나, 『선조수정실록』은 인조반정으로 정권을 잡은 서인세력이 서인들의 개인문집을 토대로 하여 선조실록을 개정한 것이다.

특히 김장생의 『율곡전서』를 주로 참고해 기록됐다는 점에서 객관적으로 씌어졌다고 보기 어렵다. 그리고 이율곡이 10만 양병설을 주장했다고 하는 시점이 『선조수정실록』에는 선조 16년 4월이라고 기록되어 있는데, 『율곡연보』에는 선조 15년 9월이라고 기록되어 있어 신빙성이 더욱 떨어진다.

이율곡의 10만 양병설은 원본인 『선조실록』에는 전혀 기록이 없고, 오로지 서인들의 개인문집에서만 언급되고 있다는 점, 후에 나온 『선조수정실록』은 서인들의 개인문집을 토대로 서인들에 의해 기록되었다는 점에서 조작된 이야기라 볼 수 있다. 다시 말해 당쟁의 승리자인 서인들만의 일방적 주장이라 할 수 있다.

덧붙여 읽기

믿지 못할 국사교과서

이율곡의 10만 양병설이 오늘날까지 정설로 받아들여지게 된 결정적 계기는 국사교과서에 언급되어 있기 때문인데, 이 부분에 대해 반드시 짚고 넘어가야 할 섬이 있다.

서인 노론가문의 마지막 세대라 할 수 있는 역사학자 이병도가 서인에 의해 씌여진 저작물들을 총집대성해 『한국사 대관』을 발간했고, 국사교과서는 바로 이 『한국사 대관』에서 이율곡의 10만 양병설을 발췌해 실은 것이다. 이병도는 일제시대 일본의 조선사 왜곡에 협조한 친일 사학자였음에도 불구하고 해방 이후에도 계속된 친일 정권 덕으로 여전히 한국사학계의 거물로 승승장구 해왔고, 국사교과서를 편찬하는 국사편찬위원회의 위원장으로 활동하기도 했다. 이런 이유로 국사교과서에 이율곡의 10만 양병설이 실릴 수 있었던 것이다.

그리고 아이러니한 사실은 조선의 영원한 기득권층이었던 서인의 노론이 일제시대에는 대부분 친일파로 변신했다는 사실이다. 위에서 언급한 이병도와 그의 친척 할아버지인 이완용을 비롯해 을사오적들 모두가 바로 노론출신이었다. 이율곡이 지하에서 이 사실을 알고 얼마나 가슴을 치며 애통해 했겠는가.

아빠가 딸에게 들려주는 역사 이야기

역사를 바라보는데 필요한 최소한의 사회과학적 배경지식
: 현상과 본질의 구분

정은 역사를 바라보는데 필요한 최소한의 사회과학적 배경지식이 또 무엇이 있을까요?

아빠 현상과 본질에 대한 구분 능력이란다.

정은 현상과 본질요? 그게 무슨 말인지 이해가 잘 안가요.

아빠 현상과 본질의 의미를 잘 모르겠지? 쉽게 설명해 볼 테니까 잘 들어 봐. 현상이란 겉으로 드러나는 모습이고, 본질이란 겉으로 드러나지 않는 진짜 모습을 말하지. 이렇게만 말해서는 아직 감이 잘 안 오지? 간단한 예를 들어 볼게.

매년 선거철이 되면 국회의원 후보자들이 음식을 잔뜩 가지고 양로원을 찾아가서 노인들과 시간을 보내면서 위로를 하는 모습들이 보이지? 그런 경우에 현상은 노인공경의 실천이지만, 본질은 국회의원이 되기 위해 표를 얻으려는 단순한 선거운동의 하나 일뿐이지.

이제 현상과 본질이 무엇인지는 이해가 갔지? 그럼 이번에는 현상과 본질에 대한 구분 능력이 왜 중요한지 예를 들어서 설명해 줄게. 만약 정은이가 판사가 되어서 두 명의 절도범에 대한 판결을 한다고 생각해 보자. 절도범 A와 B가 똑같이 밤에 백화점에서 물건을 훔치다가 걸렸어. 그런데 A는 부잣집 아들인데 친구들과 스키장에 갈 용돈을 마련하려고 도둑질을 했고, B는 가난한집 아들이고 엄마 병원비를 마련하려고 도둑질을 했어. 이런 경우 정은이는 어떤 판결을 할까?

현상으로만 보면 A와 B의 행위는 도둑질이라는 점에서 전혀 다를 바가 없이 똑같지. 하지만 본질로 보면 용돈마련을 위한 A의 도둑질과 엄마의 병원비를 마련하려는 B의 도둑질이 전혀 다르지. 만약 정은이가 A와 B에게 똑같은 처벌을 한다면 훌륭한 판사가 아니겠지?

이번에는 좀 어려운 예를 하나 들어볼까?

어떤 일본 관광객이 스위스를 여행하다가 깜빡 잊고 공원 벤치에 카메라를 놓고 온 것이 기억이 난거야. 하지만 이미 며칠이 지났기 때문에 카메라가 그대로 있을 리 없다고 생각하면서도 혹시나 하는 마음에 가보았더니 카메라가 그대로 벤치에 놓여져 있었단다. 그런데 그 일본 관광객이 다음에는 방글라데시를 여행하면서 기차선반 위에 카메라를 올려놓고 잠시 화장실에 갔다 왔더니 카메라가 없어졌다는 거야. 그래서 그 일본 관광객이 여행이 끝나고 돌아와서 사람들에게 이렇게 말했단다. "스위스인은 정직하고 바르게 살아가는 민족이고, 방글라데시인은 남의 것을 훔치는 비도덕적인 민족이다." 그런데 이 일본인의 말처럼 스위스인은 정직한 민족이고 방글라데시인은 비도덕적인 민족일까? 이것은 현상과 본질에 대한 정확한 구분을 하지 못한 결론인 것이지. 스위스에서 카메라가 없어지지 않았던 이유는 무엇이었을까? 스위스인이 모두 정직한 민족이어서 카메라가 없어지지 않은 것일까?

아니지. 1인당 GNP가 3만불이 넘는 선진국인 스위스에서 카메라는 사람들이 굳이 가져갈 만큼 가치가 없었기 때문이었다고 보는 것이 더 타당성이 있지.

그럼 방글라데시에서 카메라가 화장실에 갔다 온 사이에 없어진 이유는 무엇일까? 방글라데시인이 모두 남의 것에 눈독을 들이는 나쁜 사람들이었기 때문일까? 아니지. 세계에서 가장 못사는 나라인 방글라데시에서 카메라는 누구라도 가져가고 싶을 만큼 가치가 있었던 탓에 없어졌다고 보는 것이 더 타당성이 있지.

만약, 1960년대에 한국에서 똑같은 일이 발생했다면 어떠했을까? 아마 방글라데시처럼 없어질 가능성이 크겠지. 하지만 2008년도에 한국에서 똑같은 일이 발생했다면 어떨까? 아마 스위스처럼 없어지지 않을 가능성이 더 클 거야.

그러니까 카메라의 도난 여부가 두 민족의 정직성의 차이 때문인 것으로 보이는 것은 현상이고 실제로 본질은 두 민족의 경제력의 차이 때문인 것이지.

장희빈과 인현왕후의 대결, 권력투쟁의 대리전이었다

정경유착이 만들어낸 스타, 장희빈

    TV나 역사 소설 속에 그려진 장희빈과 인현왕후의 모습은 늘 요부妖婦와 현모양처의 대결이었다. 천한 신분으로 궁녀가 되어 타고난 끼와 미모로 임금의 총애를 얻고 간교한 계략과 모함으로 인현왕후를 몰아내어 왕비가 된 뒤 사치와 횡포로 백성들의 원성이 자자해지자 뒤늦게 정신을 차린 임금에 의해 쫓겨나고, 후에 사약을 받아 죽은 요부妖婦! 이것이 지금까지의 역사가 그려낸 장희빈의 모습이었다. 과연 그럴까?

    장희빈은 명문 역관 집안의 딸로 태어났다. 그 당시 역관은 신분상으로는 중인계급이었지만, 아주 손쉽게 부를 거머쥘 수 있는 위치였고, 또 세도를 누리는 특수계층이었다. 일본과 중국에 사신단이 파견

될 때마다 대표인 정사와 부사가 있기는 하였지만 당시 사대부들은 외국어를 하는 경우가 드물었기 때문에 당시의 역관들은 단순한 통역자가 아니라, 그 나라 정부의 관리들과 긴밀한 관계를 맺으며 정보를 주고받는 실무외교관의 성격을 띠었다. 그 결과 그들은 자연스럽게 외교의 주요업무를 장악하게 되었다.

더구나 무역에 관한 모든 것은 이들의 손에 의해 이루어졌기 때문에 역관들은 무역, 그 중에서도 청과 일본간의 중계무역을 통해 엄청난 부를 축적할 수 있었다. 특히 중국어 역관의 경우, 청을 오고가며 실세 및 관리들과 긴밀한 유대관계를 유지하고 있었기에 조선의 조정은 청에 대한 정보 및 외교 채널에 있어서 거의 전적으로 이들에게 의지하고 있었다. 따라서 당시 청의 실질적 속국이었던 조선에서 역관의 존재는 결코 무시할 수 없는 특권층이었던 것이다. 숙종 때 정재륜이 쓴 『공사견문록』을 보면 당시의 역관들이 얼마나 막대한 부를 축적했는지 알 수 있다.

"숙종 22년, 한 역관이 부인의 장례식을 치르는데 관에 옻칠을 했다. 그 당시 옻관은 왕가에서만 사용할 수 있었으므로 조정에서 문제가 되자 이를 무마하기 위해 십만 금을 뿌렸다."

신분제도가 엄격했던 조선에서 역관의 딸인 장희빈이 왕비까지 오르는 파격에 가까운 신분상승을 할 수 있었던 이면에는, 조선후기에 무역을 통해 경제적으로 급성장해 양반과 더불어 사회주도 세력의 한 축으로 자리 잡은 중인계층이 있었던 것이다. 경제적으로 급성장해 사회중심 세력의 한 축을 이룬 이들 중인계급은 신분의 한계를 뛰어넘기 위해 정치권과 손잡으려 하게 되고, 서인에게 밀려난 남인들은 정치적 영향력과 자본을 함께 거머쥔 역관들과의 연합으로 권력의 재탈환을 시도하려 한다. 이리하여 정경유착이 생겨나고, 그러한 정경유착에 의해 '왕비 만들기' 작전의 주인공으로 선발된 이가 바로 장희빈인 것이다.

장희빈 대 인현왕후, 권력투쟁의 대리전

숙종의 첫째 왕비인 인경왕후가 죽자 조정을 장악하고 있었던 서인들의 핵심이 모여 병조판서 민유중의 딸을 왕비로 추천하고, 서인이었던 대비 명성왕후의 뒷받침으로 손쉽게 인현왕후가 된다. 남인의 왕비 만들기 작전으로 궁녀가 된 장희빈은 입궐한 후 얼마 되지 않아 자위대비의 적극적인 주선으로 숙종을 만나게 되고, 빼어난 아름다움으로 인해 숙종의 승은을 입게 된다. 이리하여 장희빈 대 인현왕후, 즉 남인과 서인의 권력투쟁이 시작된 것이다.

궁녀가 되어 왕의 승은을 입었으나 장희빈은 탄탄대로를 걷지 못했다. 장희빈이 남인들의 작전에 의해 입궐한 것을 알아챈 서인들의 견제가 심했기 때문이다. 숙종 12년에 부교리인 이희명이 올린 상소를 보면 서인들의 견제가 얼마나 심했는지를 알 수 있다.

"요즘 총애를 받고 있는 궁인들 가운데 한 사람이 역관 장현의 딸이라고 합니다. 주상께서는 부디 장옥정을 쫓아내시어 깨끗하고 밝은 정치를 펴십시오."

장희빈은 궁녀인 시점에서부터 이미 견제가 시작된 것이다. 조선왕조 500년 동안 궁녀에 대한 상소문이 올라간 적은 장희빈을 제외하고는 단 한 번도 없었다. 그 후 남인의 은밀한 지원 속에 후궁이 된 장희빈이 왕자를 낳게 되는데 그가 바로 경종이다. 숙종이 장희빈이 낳은 원자 균경종을 세자로 책봉하자 서인이 이에 반발하고 서인의 대표격인 송시열은 숙종에게 이에 대한 비판의 상소를 올린다. 이에 분노한 숙종은 송시열을 비롯한 서인 100명 이상을 처벌하게 되는데 이것이 바로 숙종 16년에 있었던 '기사환국己巳換局'이다. 기사환국으로 인해 서인이 몰락하고 남인이 정권을 재탈환하게 되며, 기사환국의 완결편은 인현왕후의 폐출과 장희빈의 왕비 책봉이었던 것이다.

남인이 집권한 지 4년이 지날 무렵, 서인들이 재집권을 위해 인현왕후 복위운동을 벌이게 된다. 이런 상황에서 남인인 좌의정 민암이 서인들이 중인들과 결탁해 환국을 도모하고 있다는 상소를 올렸는데,

송시열 영정 장희빈 대 인현왕후로 상징되는 남인과 서인의 당파 싸움에서 송시열은 서인의 영수였다.

남인의 힘이 너무 커졌다고 생각한 숙종은 인현왕후를 복위시키고 장희빈을 빈으로 강등시킨다. 이리하여 남인이 몰락하고 서인의 재집권이 이루어지게 된다.

그런데 여기서 주목해 보아야 할 것은 서인들의 인현왕후 복위운동의 자금줄 역할을 한 것도 바로 역관과 상인들인 중인계층이라는 것이다. 결국 경제력을 갖춘 중인계층과 정치력을 갖춘 양반들의 결합, 즉 정경유착에 의해 힘을 갖게 된 양 세력이 각각 장희빈과 인현왕후라는 두 상징적인 여인을 통해 권력투쟁을 한 것이라고 볼 수 있다.

숙종이 진정 사랑한 것은 왕권이었을 뿐

지금까지 역사는 장희빈의 미모와 간교에 빠진 숙종이 인현왕후를 내쫓았다가 다시금 정신을 차려 장희빈을 몰아낸 것으로 기록하고 있다.

그러나 이것은 남인과의 권력투쟁에 승리한 서인들이 쓴 역사이기 때문이다. 이러한 역사인식이 오늘날에도 거의 부동의 사실로 자리 잡은 이면에는 남성중심의 사회에서 애정문제에 대한 모든 허물은 남성보다는 여성에게 책임을 뒤집어씌우는 시각이 우리 사회에 뿌리박고 있기 때문이 아닌가 싶다. 숙종이 장희빈을 총애하고 그런 흐름 속에 남인을 중용한 것에 대해 새로운 시각으로 접근할 필요가 있다.

첫째, 앞서 언급된 대로 조선의 역관 특히 청을 상대하는 중국어 역관은 여러 면에서 영향력이 대단했다. 청과 사대관계를 맺고 있던 조선의 왕은 왕권유지를 위한 첫 번째 조건이 바로 청의 지지였고, 청의 지지를 받기 위해서는 역관의 지지가 필수조건이었다. 이런 맥락에서 보면 숙종은 명문역관의 딸인 장희빈을 통해 역관의 지지를 끌어내려 했던 측면이 강했다고 볼 수 있다.

둘째, 신하들의 힘이 강했던 시기에 왕위에 오른 숙종은 왕권의 강화를 위해 당쟁을 적극 활용했다. 남인의 힘이 강해지면 환국을 통해 서인을 기용하고, 다시 서인의 힘이 강해지면 또 다른 환국을 통해 남인을 기용하는 정권교체를 통해 서로의 균형을 유지하면서 왕권에

도전하지 못하도록 했다. 장희빈에 대한 숙종의 총애는 서인의 힘이 강했던 시절 서인에 대한 견제 세력으로 남인을 끌어들이기 위한 상징적인 제스처였던 것이다.

숙종은 장희빈을 통해 역관과 남인의 지지를 끌어낸 것이라 볼 수 있다. 숙종이 사랑했던 것은 장희빈이 아니라 바로 왕권이었다. 그의 이러한 모습은 장희빈에게 사약을 내리는 데서 적나라하게 드러난다. 숙종 27년, 인현왕후가 죽고 나서 숙종의 총애를 받던 숙빈 최씨가 인현왕후의 죽음이 장희빈의 저주 때문이라고 하자 숙종은 조정 대신들의 만류에도 불구하고 장희빈에게 사약을 내린다. 그런데 이것은 여러 가지 면에서 파격적인 결정이었다.

조선의 역대 어느 왕조에서도 중전을 저주했다 하여 후궁에게 사약을 내린 경우가 단 한 번도 없었다. 더구나 세자의 어머니에게 사약을 내리는 것은 당시의 정서상 그 누구도 상상치 못한 일이었는데 인현왕후의 장례가 채 끝나기도 전에 장희빈에게 서둘러 사약을 내렸다. 조정대신들의 반대에도 불구하고 숙종이 장희빈에게 사약을 내린 것은 자신의 사후에 장희빈이 살아 있으면 남인들과 결탁해 서인을 몰아내고 왕권을 위협할 것에 대한 염려 때문이었다.

결국 숙종이 사랑했던 것은 장희빈이 아니라 강한 왕권이었고, 장희빈은 숙종의 이러한 정치적 의도 속에 한때는 총애를 받고 권력의 최정상에 올랐다가 왕의 후계자인 세자를 아들로 두고도 사약을 받아 파란만장한 생을 마감한 것이다.

아빠가 딸에게 들려주는 역사 이야기

학교 교과서에서 배운 역사와 아빠가 들려주는 역사가 다른 첫 번째 이유

정은 학교 교과서에서 배운 역사와 아빠가 들려주는 역사는 왜 내용이 그렇게 다르죠? 예를 들면 교과서에서는 신라의 김유신 장군이 활약해서 삼국을 통일했다고 하는데 아빠는 신라가 삼국을 통일한 것이 아니라 발해와 신라의 남북국시대가 열린 것이었다고 말하시잖아요. 도대체 누구 말이 맞는 것인지 헷갈려요.

아빠 정은이가 누구 말이 맞느냐고 묻는 것은 사회과학의 기초지식이 없기 때문이야. 아빠가 지금부터 하는 설명이 조금 지루하겠지만 잘 들어 보렴. 수학이나 물리 같은 자연과학에서는 정답이 늘 한 개지만, 역사나 정치 같은 사회과학에서는 정답이 여러 개가 나올 수 있단다. 예를 들면 '1+1'은 일본인과 한국인 모두에게 정답이 '2'이지만 안중근에 대한 평가는 서로 다를 수 있지. 안중근이 영웅인가? 테러리스트인가? 한국인은 안중근을 영웅으로 평가하지만 일본인은 수많은 테러리스트 중의 한 사람으로서만 평가하지. 그런데 이런 경우에는 각자의 관점이 다르기 때문에 누구 말이 맞는지를 따지는 것이 무의미하지 않을까?

정은 그럼 교과서의 역사와 아빠가 들려주는 역사가 서로 다른 것은 관점이 차이 나기 때문이라는 말씀인가요?

아빠 그렇지. 역사를 바라보는 관점이 다르니까 당연히 의견차이가 나는 거지.

정은 그럼 교과서의 역사와 아빠가 들려주는 역사는 관점이 어떻게 다른가요?

아빠 간단히 말하면 교과서의 역사는 기득권층의 관점으로 바라 본 역사이고 아빠가 들려주는 역사는 민중의 관점으로 바라 본 역사란다.

정은 네. 그런데 역사를 바라보는 관점이 다르면 역사가 어떻게 다르게 말해질 수 있는지 예를 하나만 들어주세요. 예를 들어주지 않고 설명하시면 너무 어려워요.

아빠 그래. 아주 간단한 예를 하나 들어볼께.

TV 사극을 보면 장희빈과 인현왕후 이야기가 나오지? 임금이었던 숙종이 악하고 못된 장희빈의 꼬임에 넘어가 어질고 착한 인현왕후를 궁궐에서 내쫓고 장희빈을 왕비로 삼았지. 그리고 왕비가 된 장희빈이 온갖 못된 짓을 저지르면서 나라가 어지러워지자 백성들이 모두 장희빈을 욕하고 인현왕후를 그리워하지. 그러다가 마침내 숙종이 자신의 잘못을 깨달아서 인현왕후를 다시 불러들이고, 장희빈에게 사약을 내려 죽게 하면서 나라가 다시 바로 잡힌다는 해피엔딩의 결말이지.

그런데 민중의 시각으로 바라보면 인현왕후와 장희빈의 싸움은 선악善惡의 싸움이 아니라 지배세력간의 단순한 권력다툼일 뿐이야. 즉 인현왕후를 왕비로 세웠던 서인세력과 장희빈을 왕비로 세웠던 남인세력간의 권력다툼이었고, 숙종은 둘 간의 싸움에서 줄타기를 하면서 자기 권력을 더욱 튼튼히 했었던 것이고. 말하자면 인현왕후가 이기든 장희빈이 이기든 백성들의 입장에서는 전혀 달라질 것이 없기 때문에 권력다툼일 뿐, 선악의 싸움이 아닌 것이지. 그리고 백성들은 헐벗고 굶주리는데 왕과 양반들이 권력다툼에만 몰두했다는 것은 아주 한심하기 그지없는 일이지.

정은 이해가 갈 것 같아요.

아빠 한 가지 예를 더 들어 볼께.

역사는 세종대왕을 성군(聖君)이라고들 하고, 연산군은 폭군이라고 하지? 그래서 마치 세종대왕 때는 백성들이 아무 걱정 없이 편안하게 잘 살았는데 연산군 때는 백성들이 헐벗고 굶주렸던 것으로 생각하지. 그런데 세종대왕이 통치하던 시절이나 연산군이 통치하던 시절이나 백성들이 굶주리고 헐벗었던 것은 별 차이가 없었단다. 세종대왕 때도 사람들의 평균수명은 29세였고, 먹고 살기 힘들어서 늙은 부모를 갖다 버리는 고려장이 백성들 사이에 똑같이 성행하고 있었단다. 그러니까 성군과 폭군을 구분하는 기준이 백성들을 편안하게 잘 살 수 있도록 한 것에 있다면 세종대왕이나 연산군이나 특별히 다를 것이 없는 셈이지.

정은 세종대왕이 연산군과 같다는 말씀은 아직 이해가 잘 안가요.

아빠 연산군과 세종대왕을 누구의 관점에서 어떤 기준으로 보느냐에 따라 평가가 달라진단다. 지배계층의 관점에서 바라보면 세종대왕은 안정적인 정치를 했으니까 성군이고, 연산군은 그렇지 못했으니까 폭군이겠지만, 일반 백성의 관점으로 바라보면 연산군이나 세종이나 별로 다를 것이 없단다. 왜냐하면 연산군 때나 세종 때나 똑같이 먹고 살기 힘들었고, 또 연산군의 폭정이라는 것도 엄밀히 말하면 지배계층 내부의 문제였을 뿐, 일반 백성들과는 관련도 없고 또 접할 수 있는 것도 아니었기 때문이지.

지금으로 말한다면 집권당의 내부에서 싸움이 없고 늘 평온하면 훌륭한 대통령이고, 그렇지 못하면 훌륭한 대통령이 아니라는 것과 같은 황당한 기준인 것이지.

조선의 암행어사제도, 사실상 무용지물이었다

암행어사제도의 탄생 배경

어릴 적 『춘향전』에서 읽었던 이몽룡의 극적인 암행어사 출도, 암행어사의 출도로 모든 상황은 역전되고 가슴이 후련해진다. 옥에 갇혔던 억울한 백성은 풀려나고, 백성의 고혈을 쥐어짜던 탐관오리는 옥에 갇히게 되고……. 더욱이 TV사극에 등장하는 암행어사 박문수의 이야기는 늘 권선징악의 해피엔딩으로 마감된다. 하지만 조선의 암행어사가 늘 그렇게 해피엔딩을 가져다 주었을까?

조선왕조가 암행어사를 파견하는 제도를 마련한 것은 두 가지 이유에서였다.

첫째, 전국 8도와 부, 목, 군, 현 등 334개 구역으로 파견된 지방 관리들에 대한 감독과 감시가 제대로 이루어지지 못하는 것에 대한 보완책이었다. 중앙정부가 지방의 관리들을 완벽히 통제할 수 없었던 최우

선적인 원인은 교통이 발달되지 못한 것이었지만, 전국의 지방을 감독, 감시할 만큼 중앙정부의 행정력이 발달하지 못한 측면도 있었다.

둘째, 세종 때에 제정된 악법인 '금부민고소禁部民告訴' 즉 역모사건이나 살인과 관련된 사건 이외에는 백성이 수령을 고소할 수 없게 한 법을 보완하기 위한 것이었다. 이 법은 백성의 보호보다 엄격한 신분제도의 확립을 더 중시한 사대부들의 요구에 의한 것이었다. 그러나 이 법은 결과적으로 지방 관리들의 부정부패를 가능케 했다는 점에서 악법이었다. 당시 이 법에 대한 비판이 일자 세종은 어사나 내관內官의 파견으로 지방수령들을 감독, 감시할 수 있으므로 백성들은 수령을 고소할 필요가 없다는 논리로 이 법의 폐지여론을 거부했다. 그러나 실제로 암행어사가 파견된 것은 조선 중기인 중종 때에 이르러서였다. 조선 초기만 해도 신권臣權이 왕권王權을 압도한 시기였으므로 지방 수령들의 통제까지 손을 뻗을 만큼 왕권이 안정되지 못했기 때문이었다.

암행어사가 무용지물이 될 수밖에 없었던 이유

지방 관리들의 횡포를 감시하기 위한 암행어사 제도는 영조 때 전설적인 암행어사 박문수의 눈부신 활약이 있기도 했고, 정조 때는 정약용이 암행어사로 활약을 한 적도 있었다. 그러나 근본적인 개혁을 외면한 채 부분적이고 부정기적인 부정척결에 그쳤던 암행어사 제도

마패 마패는 암행어사의 상징으로 알려졌으나 실제는 공무로 출장 가는 관리들의 역마사용권이었다.

로는 지방 관리들의 부정부패를 막기에 역부족이었다.

황해도 현감이었던 신붕년은 암행어사가 출도를 하자 관청의 문을 열지 않고 끝까지 버티며 눈 하나 깜빡하지 않았다. 이처럼 암행어사 출도를 전혀 겁내지 않는 현감들이 있었는가 하면, 암행어사를 매수하는 지방수령도 있었고, 심지어는 암행어사에게 역으로 으름장을 놓는 지방수령도 있었다. 이렇듯 암행어사가 제 역할을 하지 못하게 된 배경에는 극심했던 당쟁의 역기능과 중앙정부에 만연된 부정부패가 자리 잡고 있었다.

암행어사가 지방수령의 비리를 적발해도 같은 당파인 경우는 당파의 결속을 위해 사건을 축소하거나 눈감아 주라는 당파 전체의 압력을 외면하기 힘들었다. 그리고 암행어사가 명백한 비리의 증거를 확보하고 처벌하려는 의지를 가졌다 해도, 지방수령이 중앙정부의 실력자와 줄을 대고 있는 경우에는 속수무책이었다. 뿐만 아니라 중앙의 권력자들이 돈을 받고 벼슬을 파는가 하면, 뇌물을 받고 뒤를 봐주는 집단적인 부패의 고리가 워낙 강하게 형성되어 있었기 때문에 암행어사가 섣불리 이들의 비리에 손을 댔다가는 자신의 안전마저도 보장받을 수 없는 상황이었다.

그리하여 암행어사 제도는 부정부패의 해결에 있어서는 사실상 유명무실한 제도로 변해갔고, 심지어는 정적 제거를 위해 악용되는 폐단까지 생겨났다. 특히 개혁군주였던 정조 사후死後로는 지방수령의 횡포에 대해 암행어사를 통한 해결에 기대하지 않게 된 백성들이 민란을 일으켜 자신들이 직접 해결하려고 들었다. 이로써 암행어사 제도는 완전히 무용지물로 전락했고 고종 때 암행어사 이면상을 마지막으로 완전 폐지되고 만다.

근본적인 개혁을 외면한 채, 부정부패 척결을 위해 생겨난 조선의 암행어사 제도는 사실상 절대로 부정부패 척결에 대한 해답이 아니었음을 그 결과로서 보여주고 있는 것이다.

덧붙여 읽기

마패는 암행어사의 상징이 아니다

사극 때문에 마패가 암행어사의 신분을 확인시켜주는 징표였던 것으로 잘못 알고 있는 사람들이 많다. 그러나 마패는 암행어사의 신분증이 아니었다. 마패는 공적인 업무로 출장을 가는 관리들이 역마驛馬를 사용할 수 있게 한 일종의 역마 사용권이었다. 관리들은 마패에 그려진 말의 숫자만큼 역마를 이용할 수 있었다. 왕이 직접 내려주는 봉서封書가 암행어사의 임명장이었는데 겉표지에 '到南大門外開坼남대문밖에 도착해 열어 보라'이라고 씌어져 있었다. 이것은 서울을 벗어난 후 봉서를 보도록 함으로써 암행어사의 임무와 암행지역이 사전 누설되지 않도록 하기 위해서였다.

양반 의병운동은 진정한 애국운동이라 볼 수 없다

구한말 양반 유생의 의병운동 양상

구한말의 의병운동은 3단계로 나누어 볼 수 있다.

1차 의병운동은 1895년, 을미사변과 단발령이 있고 나서 일어난 을미의병이었다. 1차 의병운동에서 가장 큰 활약을 보인 의병은 유인석 부대였는데 당시에 유인석이 보낸 격문의 내용을 살펴볼 필요가 있다. 독립운동사 자료집에 실린 유인석의 격문 내용 중 일부는 이러하다.

"거룩한 우리 조정은 개국한 처음부터 선왕의 법을 준수해서 온 천하가 다 소중화小中華라 일컫거니와 민속은 당우 삼대에 견줄 만하고 유학은 정자, 주자 등 여러 어진 이를 스승 삼았기에 비록 무식한 사람이라도 모두 예의를 숭상하여 임금이 위급하게 되면 반드시 쫓아가 구원할 생각을 가졌던 것이다."

포로가 된 의병장 구한말 양반 유생들의 의병운동은 체제 변화를 우려했을 뿐이지 진정한 애국운동은 아니었다.

유인석 부대는 한 때 충주성을 점령할 정도로 막강했는데, 이들이 이렇게 활약할 수 있었던 이유는 경기도 양평의 평민 출신인 김백선이 500명의 포수를 이끌고 합류했기 때문이었다. 충주성을 점령한 김백선은 도주하는 일본군을 가흥까지 추격했다가 안승우가 지원군을 보내주지 않아 거꾸로 제천까지 쫓겨 오게 되었다. 이에 분개한 김백선이 안승우에게 거칠게 항의하자 유인석은 김백선을 처형했다. 평민이 양반에게 대드는 불경죄는 처형해야 마땅하다는 이유에서였다. 이 일로 인해 김백선이 이끌고 온 포수들이 대부분 이탈하게 되고, 부대의 사기가 크게 떨어져 제천 전투에서 크게 패하게 된다.

2차 의병운동은 1905년, 을사조약에 반발해 생겨난 을사의병이었다. 2차 의병운동의 대표주자는 최익현이었다. 전라도 태인에서 의병을 일으킨 최익현은 정읍, 곡성을 거쳐 순창에 이르자 부대원이 천여 명으로 불어날 정도로 규모가 커졌다. 그러나 전주 관찰사 한진창이 인솔한 진위대가 순창을 포위하자 최익현은 왕이 보낸 군대와 싸울 수 없다 하여 스스로 투항하였다.

3차 의병운동은 1907년, 고종의 강제퇴위와 군대해산이 있고 나서 생긴 정미의병이다. 1907년, 전국의 의병이 모여 13도 연합의병을 결성해 서울 진격을 준비한다. 이 13도 연합의병의 총대장은 이인영이었는데 그는 포수출신 홍범도 부대를 부르지 않았다. 평안도와 함경도를 차별하였던 당시 양반들의 전형적인 편견 때문이었다. 뿐만 아니라 평민의병장이 이끄는 부대도 제외시켰다. 신분이 미천한 평민과 함께 할 수 없다는 것이었다. 아무튼 이런저런 우여곡절 속에 서울 진격을 며칠 앞두고 부친상을 당하자 13도 연합의병의 해산을 선언하고, 문경의 자기 집으로 돌아가 버렸다. 13도 의병 연합은 총대장인 이인영이 부친상을 당하자 그야말로 하루 만에 물거품이 되고 만 것이다. 상례가 끝난 후 부하들이 다시 의병을 일으킬 것을 권하자 이인영은 "충과 효는 하나다. 부친상을 당해 3년 상을 치러야 하니 효를 마친 후에 다시 일으키겠다."라고 말하며 거절했다 한다.

양반 유생 의병운동의 근본적 한계

구한말 의병을 일으킨 양반 유생들의 의병운동은 여러 가지 한계를 갖고 있었다. 그들의 궁극적인 목표는 엄격한 신분제도를 중심으로 한 조선의 체제유지였다. 그러나 외세에 의해 좌지우지되는 조선의 지도층은 이미 일반 대중에 대한 카리스마를 잃고 있었고, 조선후기를 통해 성장한 실학파와 개항 이후의 개혁파의 영향으로 민중들의 권리의식이 성장함에 따라 신분제도가 흔들리고 있던 시기였다. 더욱이 일본의 요구에 의한 강요된 개혁이었지만 어쨌든 1895년, 고종 때 갑오개혁 조치를 통해 신분제도가 공식적으로 폐지되었다.

또한 1905년의 2차 의병운동 시기에 다수의 평민 의병장이 생겨나는 것에 주목해야 할 필요가 있다. 2차 의병운동의 시기에는 신돌석 장군을 비롯한 많은 평민 의병장들이 등장하는데 이것은 의병운동이 백성들 사이에 공감을 얻어내고 있었다는 점과 더불어 평민의 권리의식이 그만큼 성장한 것이라 볼 수 있다.

이렇듯 사회변화가 급격한 시기에 양반 유생들은 신분제도에만 얽매어 의병들의 단합된 힘을 만들어내지 못했다. 뿐만 아니라 오히려 의병부대간의 반목을 만들어내고, 결정적 순간에 최익현이나 이인영의 경우처럼 의병운동에 찬물을 끼얹는 행동들을 했다. 그들에게는 왕이 곧 국가였고 따라서 왕에 대한 충성이 곧 국가에 대한 충성이고 애국이었다고 할 수도 있다. 그러나 이것은 새로운 시각으로 바라보면 잘못된 인식이다.

왕이 곧 국가가 되는 왕조체제는 신분이 엄격히 적용되는 사회고 그들은 그러한 신분제도 사회의 기득권자들이었다. 다시 말해 왕이 곧 국가인 사회야말로 그들의 기득권이 가장 철저히 보장되는 것이다. 그러니까 왕에 대한 충성은 국가에 대한 충성이라기보다는 자신들의 기득권을 지키는 길이었던 것이다. 일제 36년 간 조선의 양반 유생들이 독립운동에 가장 소극적인 집단이었다는 사실이 이를 잘 말해준다. 결국 그들은 자신들의 기득권이 보장되던 조선에 일본이 와서 이런저런 간섭을 하게 됨으로써 조선의 체제 변화가 일어나는 것을 염려한 것이지 근본적으로 애국운동의 일환으로 의병을 일으킨 것은 아니라고 보는 것이 타당할 것이다.

덧붙여 읽기

뛰어난 평민 의병장이 전라도에는 없었던 이유?

구한말 평민 의병장으론 신돌석 장군 한 사람만 거론되고 있어서 그가 마치 유일한 평민 의병장이었던 것으로 잘못 인식되는 경향이 있다. 이것은 아마도 국사교과서에서 평민 의병장으로 언급된 인물이 신돌석 장군 한 사람뿐이기 때문인 것 같다. 그러나 전라도 지방에서 의병을 일으킨 평민 의병장들 중 일본군 토벌대에 의해 붙잡힌 수만 103명이 되었을 정도로 다수였고, 이들 중에는 안규홍, 기삼연, 전해산 장군처럼 신돌석 장군에 버금가거나 혹은 그 이상의 큰 공을 세운 이들도 상당수 있었다.

그리고 경상도 지방보다 전라도 지역에서 의병활동이 훨씬 더 활발히 전개되었음에도 국사교과서에선 호남의 평민 의병장들의 활약에 대해선 일체의 언급이 없이 경상도 지역의 신돌석만을 언급하였다. 그것은 1960년 초부터 시작된 경상도 출신 박정희의 군사독재와 관련이 있다고 보여진다.

경상도와 전라도 간의 지역감정을 독재통치에 교묘하게 이용했던 박정희 정권하에서 전라도 지역 평민 의병장들이 소홀히 취급될 수밖에 없었던 것은 당연한 결과이다.

박정희 군사독재 시절의 영화나 드라마에서도 이런 경향은 뚜렷했다. 등장인물 중 깡패, 식모는 대체로 전라도 말투의 사람이었고, 똑같은 깡패라도 경상도 출신은 우직하고 의리 있는 인물로, 전라도 출신은 야비하고 배반을 일삼는 인물로 등장하는 경향이 아주 두드러졌다.

하늘나라에서 나눈 대화

양반출신 의병장 이인영 Vs 노비출신 의병장 안규홍

이인영 참 세상 개판이군! 일본놈들이 설쳐대니까 노비놈들까지 설쳐대고…….

안규홍 나리! 나라를 지키는데 신분의 고하가 어디 있습니까?

이인영 네 이놈! 신분의 고하가 어디 있다니?

안규홍 나라가 이 지경에 이르게 된 것은 이 나라를 좌지우지한 양반들의 책임이 크다는 건 부인하지 못하시겠지요?

이인영 허허, 너희같이 천한 것들이 나설 일이 아냐.

안규홍 나라가 위태로운데 신분 따질 것 없이 모두 나서는 게 훨씬 바람직하지 않습니까?

이인영 천한 것들은 분수를 알고 양반들에게 잘 복종해야지.

안규홍 이러다가 나라를 아주 빼앗기면 어쩌시려우?

이인영 나라를 지키는 것도 중요하나, 양반과 천한 것들의 구분을 엄히 함도 그에 못지않게 중요하느니라.

안규홍 나리! 그런 고집만 피우시면 의병에 참여하는 인원도 줄어들고, 그렇게 되면 나라를 지키는데 엄청난 지장이 생기는데요.

이인영 허! 그럼 양반과 천한 것들이 아무 구분도 없이 함께 모여 싸워야 한단 말이냐?

안규홍 지금은 국가 위기 상황이니 당연히 그래야 하지 않겠습니까?

이인영 뭐라고? 네 이놈! 내 눈에 흙이 들어가기 전에는 그렇게 못한다. 아무리 위급해도 바늘을 허리에 매서 쓸 수는 없는 법이야!

안규홍 알았수! 영감은 양반들 모아서 열심히 싸워 보슈! 전 노비들만 데리고 열심히 싸울 테니!

이인영 뭐야? 네 이놈! 내 먼저 네놈같이 위아래도 모르는 천한 것들 혼을 내어 이 나라의 기강을 바로 세우리라!

3·1운동의 민족대표 33인, 더 이상 우리의 민족대표가 아니다

3·1운동이 일어난 배경

1910년 한일합방 이후, 일본의 가혹한 식민통치와 총칼을 앞세운 무단정치로 인해 반일감정이 고조되어 있었다. 1918년 제1차 세계대전에서 독일이 패전한 뒤 전후 처리를 위한 파리강화회의에서 미국 대통령 윌슨이 민족자결주의 원칙을 제안하였다. 이것은 각 민족의 운명을 그 민족 스스로 결정하도록 하자는 것이었고, 이러한 제안은 강대국의 식민지로 살아가고 있던 약소민족들에게 독립의 희망을 불러일으켰다.

윌슨의 민족자결주의에 고무된 일본 내의 한국인 유학생 5백 명이 1919년 2월 8일에 동경에 모여 독립선언문을 낭독하였는데, 일본 유학생들에 의한 2·8독립선언의 소식이 국내에 알려지자 민족지도자들과 학생들 사이에서도 모종의 거사를 계획하게 된다. 특히 고종 황제가 일본인들에 의해 독살되었다는 황제 독살설이 민중들의 반일감정을 더욱 자극하고 있던 때인지라 많은 사람들이 모이게 될 고종 황제의 인산일인 3월 3일을 거사일로 하여 비밀리에 거사 준비가 이루어진다.

3·1운동의 숨은 희생자, 조선인 고등계 형사 신철

거사의 준비가 막바지에 이르던 2월 말에 천도교 소속의 인쇄소인 보성사에서 인쇄되던 독립선언서가 종로경찰서 고등계 형사인 신철에게 발각된다. 거사계획이 모두 물거품이 되어버릴 절대절명의 위기상황이 발생한 것이다. 그러자 천도교 지도층이고 33인 중의 한 사람이었던 최린이 신철을 만났다. 최린은 민족을 위해 며칠만 눈감아 달라고 호소했는데 이는 사실상 거사 자체를 모르는 것으로 해달라는 것과 마찬가지인 부탁이었고, 신철의 입장에서는 자신이 눈감아 준 것을 상부에서 알게 되면 자신에게도 어떤 화가 미칠지 모르는 곤혹스러운 부탁이었던 것이다. 하지만 신철은 고심 끝에 최린의 호소대로 입을 다물어 버렸고, 거사일 전에 현장에서 피해 있기 위해 일부러 만주로 출장을 떠났다. 이렇게 조선인 형사였던 신철의 희생적인 결단에 의해 거사 계획의 비밀이 유지될 수 있었던 것이다.

그리고 지도부는 사태의 심각성을 고려해 3월 3일로 예정되어 있던 거사를 3월 1일로 앞당긴다. 만주로 갔던 신철은 3·1운동이 끝나갈 무렵인 5월 14일에 서울로 돌아왔으나, 거사계획에 대한 사전정보를 얻고서도 고의로 상부에 보고하지 않고 은닉한 사실이 일본 경찰에 탐지되어 경성 헌병대에 투옥되었고 며칠 뒤 신철은 투옥된 곳에서 자살했다. 1919년 5월 22일, 매일신보에 보도된 조선인 고등계 형사 신철의 자살사건은 3·1운동의 숨은 희생자의 가슴 아픈 죽음이었던 것이다.

3·1운동의 전개 과정

2·8독립선언과 고종의 독살설이 도화선이 된 3·1운동은 종교계와 교육계 지도자들을 중심으로 준비되었다. 천도교는 최린, 기독교는 이승훈, 불교는 한용운이 중심이 되었으며 안타깝게도 당시 가장 큰 조직을 갖고 있던 유림은 3·1운동의 지도부가 모두 평민인 탓에 불참하였다. 학생들은 민족대표들의 준비과정에 보조역할을 하면서 동시에 그들 나름의 독자적인 운동을 추진하였으나, 힘을 하나로 모아야 한다는 일원화 원칙에 따라 민족대표들의 거사에 전적인 합류를 하게 되었다.

드디어 1919년 3월 1일, 파고다 공원에 5천 명의 학생들이 모였다. 정작 지도부인 민족대표 33인이 나타나지 않아 잠시 동요가 일었으나 학생대표 정재용이 선언문을 낭독함으로써 만세운동의 서막이 올랐

3·1운동 장면 3·1만세운동 당시 무책임하고 비겁한 태도를 보였던 민족대표 33인에 대한 평가는 다시 이루어져야 한다.

다. 태극기를 꺼내든 학생들과 주변의 수많은 군중들이 독립만세를 외치며 덕수궁까지 시위행진을 시작했고, 이 만세운동은 전국적으로 남녀노소 구분 없이 3개월에 걸쳐 무려 200만 명이 참가한 대규모 시위로 발전했다.

진압에 나선 일본 경찰은 시위 초기부터 무자비한 진압으로 일관해 7천 5백 명이 사망하고, 1만 5천 명이 부상당했으며 약 5만 명이 투옥되는 엄청난 희생을 치르게 되었다.

민족대표 33인의 무책임과 비겁함

원래 파고다 공원에서 선언문을 낭독하기로 되어 있던 33인은 거사 전날인 2월 28일, 최종점검을 위해 손병희의 집에 모인 자리에서 거사 당일에 자신들은 파고다 공원의 모임에 불참하기로 결정한다. 그런데 이들은 이 사실을 학생들에게 통보조차 하지 않는다. 3월 1일,

지도부인 33인의 불참에 당황한 학생 대표들이 이들이 있는 곳을 알아내 찾아간 곳은 어이없게도 태화관이었다. 태화관은 본래 이완용의 별장이었다가 요정으로 바뀐 곳이었다. 33인이 독립선언을 낭독한 곳은 바로 당시 최고의 요정, 오늘날로 치면 초특급 룸싸롱이었던 것이다. 당시 요정과 오늘날의 룸싸롱은 약간 성격이 다르긴 하지만 본질적으론 크게 다를 바 없는 곳이다. 적어도 한 나라의 독립선언을 룸싸롱에서 한다고 하면?

파고다 공원에 불참한 것에 대해 학생 대표들이 항의하자, 33인 중 한 사람인 박희도가 자신들이 불참한 것은 '유혈충돌을 피하기 위해서'라고 대답했다. 33인의 이 대답을 어떻게 받아들여야 할까? 서슬이 시퍼런 무단통치 시절에 대규모의 군중이 모여 독립선언을 하는데, 자신들만 나타나지만 않으면 일본 경찰이 군중들을 조용히 타일러서 순순히 집으로 돌려보낼 것으로 생각했단 말인가? 그리고 유혈충돌의 가능성을 염려했다면, 대표인 그들이 더더욱 거사장소에 와서 미리 군중들을 자제시키고, 일본 경찰이 무자비한 진압에 나서지 못하게 막아야 하는 것 아닌가?

더 정확히게 말하면 서로간의 유혈충돌 가능성은 없었다. 단지 일본 경찰의 유혈진압 가능성만이 있었을 뿐이다. 맨손에 태극기만 든 군중들이 완전 무장한 막강한 일본 경찰과 유혈충돌 한다는 것이 가능하기나 한 소리인가? 아무리 변명해도 이들의 불참은 당사자들이 유혈진압의 현장에 있고 싶지 않았기 때문으로밖에 볼 수 없다.

더 어처구니없는 이들의 행태는 태화관에서 독립선언을 한 직후 곧바로 일본경찰에 연행되어 간 것이다. 이들은 독립선언을 한 뒤, 태화관의 주인인 안순환을 통해 종로 경찰서에 전화를 걸어 자신들을 체포하라는 당당한(?) 태도로 임했다는 것이다.

결국 3·1운동으로 희생된 사상자만 2만 명이 넘고, 5만 명에 가까운 사람들이 투옥되어 모진 고초를 겪었으며, 여고생이었던 유관순은 혹독한 고문을 받던 중 옥사하기까지 했다. 자신들이 주도한 거사로 인해 벌어지게 된 이 엄청난 희생을 짐작도 못했단 말인가?

이렇게 어마어마한 일을 벌여 놓은 채 그들은 차후에 전개된 상황에 대한 아무런 대비나 대책도 마련하지 않은 채 종로 경찰서에 스스로 체포되는 비상식적인 행보를 한 것이다. 결국 거사를 주도한 지도층이 거사만 일으킨 뒤, 정작 본인들은 무책임하게 스스로 뒤로 물러나 앉은 것이다. 이들의 비겁함과 무책임으로 인해 엄청난 희생을 치르고서도 3·1운동은 완전히 실패하게 된다.

33인의 변절과 똥통을 뒤엎은 만해 한용운

일본경찰에 체포되어 간 33인 중 한 사람인 만해 한용운은 '옥중투쟁 3대 원칙'을 세웠다.

첫째, 변호사를 대지 말 것. 내 나라를 내가 찾겠다고 한 것이므로

한용운 「님의 침묵」 시비 "나라잃고 죽는 것이 서럽거든 당장에 취소하라."는 불호령과 함께 변절자들에게 똥통을 둘러 엎었다.

변호해 줄 사람도 없고, 또 변호 받을 사람도 없다.

둘째, 사식私食을 받지 말 것. 온 천지가 다 감옥인데 호의호식하려고 독립운동 한 것이 아니니 밖에서 넣어주는 음식을 먹지 마라.

셋째, 보석을 신청하지 말 것.

이렇게 3대 원칙을 정한 만해 한용운은 변절해 가는 동료들에게 똥통을 둘러엎으며 끝까지 싸울 것을 촉구했으나, 33인 대다수가 일본 경찰의 요구대로 일종의 반성문 성격인 해명서를 쓰고 풀려났다. 끝까지 남은 이는 만해 한용운 한 사람뿐이었으며 감옥에서 석방된 33인 중 선언문을 작성한 최남선을 비롯하여 최린, 정춘수, 박희도 등은 친일파로 변절했다.

3·1운동에 대한 냉철한 평가

"3·1운동을 통해 우리 민족의 독립역량을 세계만방에 널리 알렸으며, 민족의식이 고취되었고, 독립의지가 고양되어 상해 임시정부의 수립을 이루게 된다."

국사교과서에서 가르쳐 온 3·1운동의 의의에 대한 서술이다. 지극히 맞는 말이고 또 사실이기도 하다. 하지만 무려 2만 2천여 명의 사상자를 낸 운동의 결과라고 하기엔 너무 참담한 결과이며, 어찌 보면 실패한 운동을 억지로 미화시키려는 의도로 보이기도 한다.

지금까지 교과서에서 가르쳐 온 3·1운동의 결과에 대한 평가는 아전인수식 자화자찬으로 흘러버린 경향이 있음을 부인할 수 없다. '역사의 실패로부터 교훈을 얻지 못하는 민족은 또 다른 실패를 반복할 수밖에 없다'라는 상식적인 진리에 입각해서 3·1운동이 실패한 정확한 원인을 찾아내는 것은 대단히 의미 있는 작업이 될 것이다.

3·1운동이 실패한 내부원인

3·1운동이 실패한 원인은 내적 측면과 외적 측면 양쪽에서 바라보아야 한다. 먼저 내적 측면에서 실패의 원인을 짚어보면 다음과 같다.

첫째, 대중을 조직적으로 결속시킬 운동의 구심점, 즉 지도부가 없었다. 소수라 할지라도 조직화되면 다수를 이길 가능성이 많다는 것은 운동이론의 상식이다. 조직화야말로 대중운동의 승패를 판가름하는 가장 중요한 요소인 것이다. 조직화의 중요성은 복잡한 이론을 들이대지 않아도 쉽게 알 수 있다.

이런 경우를 상상해 보라. 지하철 안에서 누군가 5명이 작정하고 난동을 피울 경우, 5백 명의 승객이 타고 있어도 이들을 제지하는 것은 쉬운 일이 아니다. 5백 명의 승객은 각자 개별적인 사람이기에 5명의 난동자와 맞설 경우, 5백 명 대 5명의 싸움이 아니라 5명 대 1명의 싸움이 되기 때문에 나서기가 쉽지 않은 것이다.

그런데 3·1운동은 대중을 조직화할 지도부의 역량이 크고 적은 차원이 아니라 아예 지도부 자체가 존재하지 않았다는 점에서 실패할 수밖에 없는 운동이었다. 이것은 민족대표인 33인 전원이 스스로 투항하듯이 연행된 결과로 생긴 문제였다. 자의든 타의든 지도부가 된 33인이 자신들에게 주어진 책임을 마다했고, 더구나 자신들을 대신할 지도부를 구성하지도 않았기 때문에, 결국 운동에 참여한 200만 명의 대중은 개별적이고 분산된 무기력한 다수가 될 수밖에 없었다.

이로 인해 200만 명이라는 대규모 인원이 참여했음에도 전국 각지에서 다른 지역의 시위와 전혀 연계성이 없는, 고립되고 산발적인 시위였기에 일본 경찰에 의해 손쉽게 진압될 수밖에 없었던 것이다. 또한 운동을 지속시킬 구심점이 없어 일시적 운동으로 그쳤기 때문에 민족주의자들에 대한 일본의 회유와 협박이 쉽게 효과를 보게 되었고, 결국 민족주의 세력은 일본에 의해 각개격파 되어버리고 만다.

둘째, 준비되지 않은 즉흥적인 운동이었다. 3·1운동이 일어난 후 이 운동을 이끌고 지원할 만한 단체가 단 한 곳도 없었다는 점에서 준비된 운동이 아니고 즉흥적인 운동이었다는 평가를 내릴 수밖에 없다. 다시 말해 윌슨의 민족자결주의가 약소민족의 해방을 위한 것으로 착각한 민족대표들이 사전준비 없이 시작한 즉흥적이고 감상적인 운동이었던 것이다. 앞서 언급한대로 운동의 승패를 좌우할 대중의 조직화는 하루 아침에 가능한 일이 아니기에 운동이 시작되기 앞서 지속적으로 진행되었어야 함에도 그러지 못했다는 점에서 즉흥적이었던 것이라 할 수 있다.

셋째, 국제사회의 호의와 지원에 지나친 기대를 거는 비현실적인 발상으로 시작된 운동이었다. 독립선언문을 처음 작성한 이는 원래 최남선이 아니고 만해 한용운이었다. 그런데 한용운에 의해 작성된 독립선언문의 내용이 너무 격렬하다 하여 최남선이 다시 작성한 것이다. 3·1운동의 지도부는 비폭력 무저항을 주장했다. 이것은 민족자체의 역량을 통해서 독립을 쟁취하려 했다기보다는 반일감정을 내세워 불철저한 시위를 벌임으로써 국제사회의 동정을 통해 독립을 얻으려 한 외세 의존적인 독립운동 방식이었다.

그러나 당시의 국제정세는 국제사회의 새로운 강자로 급부상한 일본의 영향력이 막강했고, 조선은 어디에 붙어 있는 나라인지조차도 모를 정도였기 때문에 국제사회의 호의와 지원에 의해 독립을 얻겠다는 발상은 너무나 비현실적이었던 것이다.

3·1운동이 실패한 외부원인

첫째, 윌슨이 제안한 '민족자결주의'는 우리의 기대와는 전혀 다른 성격을 띠고 있었다. 윌슨의 제안은 1차 세계대전에서 패한 나라들의 식민지들을 어떻게 처리할 것인가에 대한 제안이었을 뿐, 승전국의 식민지들에게는 전혀 관련 없는 제안이었던 것이다. 결국 이것은 승전국 일본의 식민지인 조선과는 아무런 관련도 없는 제안이었다. 따라서 국제정세가 우리의 독립에 유리한 상황이 전혀 아니었던 것이다.

둘째, 일본은 식민지 지배체제를 확고히 구축한 강국이었다. '혁명은 썩은 문을 발로 차는 것이다'라는 말이 있다. 내부 모순으로 인해 체제가 스스로 붕괴할 조짐이 일어날 때 발생되는 것이 혁명이라는 뜻이다. 그러나 일본은 썩은 문이 아니었다. 일본은 조선에 면, 동, 리에 이르는 전국적인 행정망을 구축한 뒤 헌병경찰을 통해 전국의 치안을 완전 장악하고 있었으며, 해외의 독립투쟁마저도 현지국가와 일본의 다협으로 활동공간이 없어질 만큼 일본의 식민지 지배체제가 탄탄했었다.

외부적인 조건이 우리의 독립에 결코 유리하지 않았음에도 유리한 것으로 오판하고, 내적 역량의 강화 없이 막연하게 국제사회의 호의와 지원으로 독립을 얻으려 한 점에서 실패가 예견된 운동이었다. 또한

일본의 항복 장면 3·1운동의 엄청난 희생에도 불구하고 결국 일본의 항복으로 독립한 것이다.

엄청난 희생을 치르고도 결국 실패할 수밖에 없었던 운동인 것이다.

교과서에서는 이러한 희생이 쌓여 결국 후일에 독립을 이루었다고 하나 이것도 왜곡일 뿐이다. 8·15 독립은 2차 세계대전에서 일본이 패망한 결과일 뿐, 우리 힘에 의해 얻어진 독립이 아니기 때문이다. 3·1운동이 주는 역사의 교훈은 자명하다. 우리의 문제는 절대로 남이 해결해주지 않는다는 것이다.

하늘나라에서 나눈 대화

유관순 Vs 최남선

최남선 3·1운동 때 고생 많았지? 자네가 그때 옥에서 순국했다는 말 들었어.

유관순 뭘요. 저 혼자만 고생한 것도 아닌데요.

최남선 하긴 그래. 그때는 모두가 고생했지.

유관순 모두가 고생한 건 아니죠. 선생님은 고생 안 하셨잖아요.

최남선 무슨 소리야? 그때 나도 감옥에 갔었는데!

유관순 물론 선생님도 감옥에 가셨지만 대우가 달랐잖아요! 선생님은 곧바로 변절하셔서 감옥에서도 고생을 안 했던 걸로 알고 있는데요? 감옥에서 풀려 나온 후에는 오히려 혜택을 받고 사셨잖아요!

최남선 어쨌든 어두운 시대를 살았다는 건 모두가 힘든 일이었지.

유관순 아뇨. 다른 사람들에겐 어두운 시대였을지 몰라도 선생님에겐 전혀 어두운 시대가 아니었잖아요? 친일해서 혜택 받고 사신 분께서 그렇게 말씀하시면 위선이죠.

최남선 허허, 꽤 냉소적이군. 뭐 자네 말대로 그랬다 치자구. 하지만 3·1운동 때는 나와 33인이 큰 역할을 한 것 같은데?

유관순 정말 그렇게 생각하세요?

최남선 그럼 아닌가? 그때 우리 민족 대표가 나서지 않았어도 3·1

운동이 일어날 수 있었을까?

유관순 참 재미있네요.

최남선 재미있다고? 어째 말투가 그렇지 않다는 것처럼 들리는데?

유관순 물론이죠! 33인은 3·1운동을 시작하게 하는 데는 약간 도움이 됐을지 몰라도 결국은 3·1운동 실패의 주역이기도 하잖아요!

최남선 뭐야? 우리가 뭘 어쨌다고 그렇게 억울한 평가를 하지?

유관순 그날 모이기로 약속한 파고다 공원에 왜 안 나오셨죠?

최남선 그야 이미 말한 대로 우리가 참석하면 집회 분위기가 격화돼서 평화적 집회가 되기 힘들 것이라고 생각해서였지.

유관순 그렇게 걱정스러웠다면 오히려 더 오셨어야죠. 직접 그 자리에 오셔서 평화적 분위기로 가야 한다고 군중들에게 당부하고 자제시키셨어야죠.

최남선 그 점은 서로 판단이 다를 수 있지. 우리는 참석하지 않는 것이 평화적 분위기로 가는데 도움이 된다고 판단했었으니까.

유관순 그 날 아침, 행사가 끝나고 우리가 평화적 행진을 시작하자마자 일본 경찰이 총을 쏘며 진압했던 것 아시죠?

최남선 일본놈들이 처음부터 그렇게 강경한 진압을 할지 몰랐어.

유관순 참 뻔뻔하네요! 그럴까봐 그 날 행사에 참석하지 않은 것은 아니고요?

최남선 뻔뻔? 그 무슨 소리야? 서로 상황판단이 달라서 참석하지 않은 걸 갖고서 뻔뻔이라니?

유관순   운동을 일으킨 분들이 그 날 아침에 당장 투항을 했으니까 그렇게 말할 수밖에요!

최남선   투항? 누가 투항을 했다고 그래? 이 아가씨 사람 잡겠구먼?

유관순   운동을 일으킨 분들이 아무 대책도 없이 그렇게 스스로 일본 경찰에 잡혀간 것이 투항 아닌가요?

최남선   우리는 일본에 대해 당당하게 우리의 뜻을 알리고 항의하려고 했던 거야.

유관순   아저씨 바보예요? 아저씨 말대로 그렇게 당당하고 떳떳하게 항의하면 일본놈들이 스스로 잘못을 뉘우치고 일본으로 돌아갈 거라고 생각하신 거예요?

최남선   꼭 그런 건 아니지만……. 그래도 어쨌든 당당하게 하려고 했지.

유관순   당당한 게 아니라 무책임했죠. 운동의 주역을 자처했던 분들이 아무 대책도 없이 적에게 잡혀가면 결과는 뻔하잖아요? 운동에 참석한 군중들은 이리저리 우왕좌왕 하게 되고, 그래서 오합지졸이 되고 나면 죽도록 얻어맞기만 하고, 평화적 모임 운운하시는데 인도의 간디는 어떠했는지 아세요?

최남선   그 친구도 3·1운동에서 힌트를 얻어서 비폭력의 평화적 시위로 독립을 얻었잖아.

유관순   네! 맞아요! 간디는 3·1운동에서 지도자들이 치고 빠지는 식의 운동했다가 실패하는걸 보고 깨달았죠. 그래서 간디는 시위를 진압하는 영국군의 총탄이 빗발치는 현장에서 늘 군중들의 맨 앞에 서 있었죠. 그 때문에 영국군이 시위를 진압할 때 늘 애를 먹었고요. 간디가 총에 맞기라도 하는 날이면 시위가 걷잡을 수 없이 번지게 되니까 진압할 때마다 노심초사했고 그것이 진압에 엄청난 방해가 됐죠. 그리고 간디는 자기가 투옥될 경우에 대비해서 인도국민회의가 군중들의 시위를 효과적으로 지휘하도록 만반의 준비를 시켰고요.

최남선 우리가 좀 서툴렀긴 해. 하지만 우리도 감옥에 투옥되고 고생 했었으니까 우리가 독립을 위해 나섰던 건 인정해야지?

유관순 하지만 똑같이 투옥됐어도 끝까지 버티며 저항한 사람과 곧바로 변절한 사람은 구분되어야 하지 않을까요?

최남선 서로 대화가 통하지 않네. 다음에 보자고.

조선물산장려운동, 왜 기만적일 수밖에 없었을까?

최초의 국산품 애용운동

조선물산장려운동의 취지를 간단히 표현하면 국산품 애용이다. 1920년대 우리나라 기업들이 만든 상품은 일본 상품에 비해 질이 떨어졌다. 그럼에도 민족기업의 육성을 위해 우리 상품을 쓰자고 한 것이 이 운동의 핵심이다.

이 운동은 1920년 7월에 평양에서 조만식을 중심으로 자작회自作會가 주축이 되어 '조선물산장려회' 발기인 대회를 가진 데서 시작되었다. 그 후 1923년 2월에 서울에서 회원 3천 명의 참가로 '조선물산장려회'가 조직되고, 조선일보와 동아일보가 나서면서 전국적인 운동으로 확산되어 갔다. 이 때의 기본 실행요강은 이러했다.

첫째, 의복은 남자는 무명베 두루마기를, 여성은 검정 물감을 들인 무명 치마를 입는다.

둘째, 설탕, 소금, 과일, 음료를 제외한 나머지 음식물은 우리 것을 사서 쓴다.

셋째, 일상용품은 가급적 우리 토산품을 사용한다.

조선물산장려운동과 민족개량주의

3·1운동이 일제의 무자비하고 막강한 힘에 의해 맥없이 진압되고 무너지자 대지주, 대자본가, 지식인들을 중심으로 한 소위 민족진영 인사들 사이에 독립의 가능성에 회의를 품는 사람들이 속출했다. 이들에게 독립운동은 '달걀로 바위를 치는 어리석음'으로 생각되기 시작한 것이다. 그래서 민족지도자로 행세하던 대지주와 대자본가 출신의 인사들은 내부적으로 심각한 딜레마에 빠지게 된다. 달걀로 바위를 치는 것 같은 싸움을 계속하기도 뭣하고, 그렇다고 이제 와서 독립운동 대열에서 빠지겠다고 선언할 수도 없었던 것이다.

한편 일본은 3·1운동을 힘으로 제압했으나, 전국적으로 일어난 항일시위를 보면서 그들의 통치방식에 변화를 가져올 필요를 느끼게 되었다. 즉 조선을 통치하는데 있어서 단순 무식한 무단정치만으론 한계가 있다는 판단을 하게 된 것이다. 그래서 그들은 무단통치에서 소위 세련된 문화통치로 전략을 바꾸게 되었고, 그러한 맥락에서 민족진영 내부에 대한 적극적인 회유에 나서게 된다. 일본의 회유내용은 이런 식이었다.

동양척식주식회사 일제시대 경제적 조선수탈의 대표적 상징. 민족자본을 지킨다는 명분으로 시작된 물산장려운동은 결과적으로 기업가들만 부유하게 만들었다.

"조선은 아직 독립할 준비가 되어 있지 않다. 그러니 일단은 일본의 보호 속에 경제와 문화에 있어서 스스로 독립할 만큼의 역량을 키워라. 그래서 조선이 독립할 역량이 키워지면 일본은 조선을 독립시킬 것이다. 스스로 독립할 힘이 키워지지 않은 상태에서 독립을 외치는 것은 스스로 희생을 자초하는 무모함일 뿐이며 공허한 주장일 뿐이다."

스스로의 딜레마에 빠져 있던 민족진영 내부의 일부 인사들에게 일본의 이러한 회유는 그들의 딜레마를 한방에 날려주는 시원하고 그럴듯한 논리였다. 먼저 스스로 독립할 힘을 키우자고 하는 운동논리는 실제로는 항일운동을 포기하는 것이지만, 명분상으론 후일의 독립을 위해 힘을 기른다는 논리로 피해 갈 수 있고, 또 일본과의 타협으로 이익과 보호를 받을 수도 있는 그야말로 '꿩 먹고 알 먹는' 논리가 될 수 있었던 것이다. 그래서 이들은 조선이 일본의 식민지인 것을 현실로 인정하고, 일본의 통치체제에 일단 순응하면서 힘을 길러 독립을 준비하자는 논리를 펴기 시작했는데, 이것이 바로 '민족개량주의'였으며, 물산장려운동은 그러한 맥락에서 나온 운동이었다.

따라서 일본은 물산장려운동이 돌발적인 반일운동으로 변하지 않게 하는 데만 신경 썼을 뿐, 물산장려운동 자체를 탄압할 의도도 없었고 또 그럴 이유도 없었던 것이다.

말하자면 물산장려운동은 일본의 회유에 넘어간 민족 개량주의자들이 주도한 운동이었고, 물산장려운동은 애초부터 항일운동의 일환이라기보다는, 생활개선과 국산품 애용을 위한 단순한 계몽운동의 성격에 지나지 않았던 것이다.

조선물산장려운동이 실패한 진짜 이유

애국심에 호소한 국산품 애용의 열기가 전국으로 번지면서 조선의 기업가들은 그야말로 떼돈을 벌게 되었다. 물산장려운동에 힘입어 고려대학교의 설립자인 김성수가 운영하던 경성방직은 조선총독부의 후원과 일본계 은행들의 자금을 지원 받아 일본에서 방직기계를 들여오고 일본에서 원료를 들여와 '조선인은 조선인의 광목으로!'라는 구호를 내걸었고, 홍보효과를 위해 태극기를 상표로 붙이기까지 했다. 결국 생산지만 조선이고 실제로는 조선산이라 볼 수 없는 광목을 애

조선물산장려운동 선전문 범국민적인 물산장려운동은 애국을 빌미로 한 친일기업들의 육성운동에 불과했다.

一, 술과 담배를 먹지 맙시다
一, 우리가 만든 옷감 예물 드려 입읍시다
일년동안 조선에서 소비하는 술갑이, 십억 팔천만량, 담비갑이, 육억만량이 올시다

국심에 호소해 대량으로 판매하면서 엄청난 이익을 올린 것이다.

그리고 이렇게 해서 조선 최대의 갑부 대열에 올라선 김성수와 그의 일가들은 1943년에 조선군 사령부에 전투기 한 대 값으로 10만 엔을 헌납했을 뿐만 아니라, 전투기 1백대 헌납 운동을 실시해 85만 엔을 모금하여 일본군에 헌납하였다.

일부 악덕 기업가들은 일본에서 완제품을 사다가 거기에 조선 상표를 팔아 폭리를 취하는 경우도 비일비재했다. 엄밀히 평가하면 민족기업의 육성이 아니라 친일기업들의 육성이었던 것이다. 그리고 1920년대 조선의 전체 기업 중 조선인 기업은 16%밖에 되지 않았기 때문에 공급이 수요를 따라가지 못하면서 물가가 폭등했고, 그 결과 물산장려운동은 애국을 빌미로 가난한 백성들에게 정상 가격보다 2배나 더 비싼 조선산 물건을 억지로 사도록 강요한 운동이 되어 버렸다. 이런 이유로 인해 조선의 백성들은 물산장려운동에 대해 등을 돌리게 되었고, 결국 점차 흐지부지 되고 만 것이다.

그런데 우리 국사교과서에서는 왜 물산장려운동이 일본의 탄압 때문에 실패했다고 기술하고 있을까?

그것은 당시 물산장려운동을 주도했던 대지주와 대자본가 출신의 인사들과 그 후손들이 해방 이후 현재까지도 이 나라의 기득권 세력으로 튼튼히 자리 잡고 있기 때문이라는 것이 가장 직접적이고 정확한 대답일 것이다.

아빠가 딸에게 들려주는 역사 이야기

역사를 바라보는데 필요한 최소한의 사회과학적 배경지식
: 통계의 함정, 쇼비니즘, 고정관념

정은 아빠! 역사를 바라보는데 필요한 최소한의 사회과학적 배경지식이 또 있어요?

아빠 역사를 바라보는데 필요한 최소한의 사회과학적 배경지식들이 이것들 말고도 아직 여러 가지 더 남아있지만, 서론이 너무 길면 지루하니까 딱 한 가지만 더 말할께. 우리가 정확한 상황인식을 하는데 방해가 되는 것들이 세 가지 있단다.

정은 그것이 무엇이죠?

아빠 우선 첫째는 통계의 함정이라는 것이 있단다. 통계는 숫자로 표현되니까 일단 어떤 현상에 대한 주장을 펴면서 통계를 들이대면 왠지 객관적이고 정확해 보일 뿐 아니라, 또 반박을 하려 할 경우에 숫자를 파고드는 것이 머리가 아플 것 같으니까 일단 수긍을 하려는 경향이 있지. 그런데 상황인식을 하는데 있어서 때때로 통계의 함정에 빠지게 되는 경우가 있단다.

실제로 있었던 예를 하나 들어보자.

5년 전에 영국에서 광우병으로 인한 사망자가 전년도에 비해 무려 200%나 증가했다는 통계가 나온 적이 있단다. 200% 증가했다고 하면 폭발적으로 증가했다는 느낌이 들고. 그래서 이 통계를 보면 당시의 영국은 광우병으로 인해 완전히 난리가 났겠다는 생각이 들지?

그런데 실제는 전혀 그렇지 않았거든. 10년 전에 광우병으로 사망한 숫자가 2명이었는데 그 다음해에는 광우병으로 사망한 숫자가 6명으로 늘어난 거야. 그러니까 전년도에 비해 4명이 늘어난 거지. 그런데 영국 인구 6천만 중에서 광우병 사망자가 4명이 늘었다는 것이 그렇게 특별히 놀랠만한 사실은 아니겠지?

교통사고 사망자가 전년도에 비해 10%만 늘어나도 그 숫자가 수천 명인 것을 생각하면 더더욱 그렇겠지? 그런데 통계상으로만 보면 교통사고 사망자 10%증가보다 광우병 사망자 200%증가가 훨씬 더 자극적이고 심각해 보이잖아.

그리고 둘째는 쇼비니즘이란다.

정은 쇼비니즘요? 그게 무엇이죠?

아빠 쇼비니즘이란 말하자면 맹목적 애국심에 사로잡히는 것을 말하지. 맹목적 애국심은 이중적인 심리를 생기게 하거든. 그러니까 '남이 하면 불륜이고 내가 하면 로맨스'라는 식의 이중적인 인식태도를 갖게 되지.

정은 무슨 말씀이신지 이해가 잘 안가요. 쉬운 예를 들어 설명해주세요.

아빠 우리나라가 IMF를 겪던 시절에 어느 주유소에서 이런 현수막을 걸었단다. '우리 주유소에서는 외제차에 기름을 넣어주지 않습니다' 외국제품을 쓰지 말고 국산품을 애용해서 나라경제를 살리자는 취지의 선언이었던 것이지. 신문에서는 이 주유소의 선언을 애국적인 것으로 묘사했고, 사람들 대부분이 이 주유소에 대해 칭찬하는 분위기였지. 그런데 일본의 어느 주유소에서 '우리 주유소에서는 한국차에 기름을 넣어주지 않습니다'라는 현수막을 걸었다면 어떠했을까?

정은 애매하네요. 우리가 그런 현수막을 걸때는 애국심으로 보이는데, 일본에서 그런 현수막을 건다고 생각하면 화가 나네요.

아빠 그렇지. '남이 하면 불륜이고 내가 하면 로맨스'인거지. 그런데 국가경제에서 수출이 차지하는 비중이 큰 우리가 외국제품에 대해 노골적으로 배타적인 태도를 보이면 거꾸로 외국에서 우리 물건을 팔아주려고 할까?

정은 물론 팔아주려고 하지 않겠죠.

아빠 만약 우리가 외국제품에 대해 저런 식으로 노골적으로 배타적인 태도를 보이다가 외국에서 '한국제품 불매운동' 같은 것이 생기게 되면 우리경제에 엄청난 타격이 오겠지?

정은 그렇겠죠.

아빠 그런데 쇼비니즘 때문에 그런 현실인식을 하지 못하게 되는 거지. 그리고 셋째는 고정관념의 벽 때문이란다.

정은 고정관념의 벽이라는 말이 잘 이해가 안가요.

아빠 사람은 누구나 자신도 모르게 자신이 속한 사회나 집단의 영향을 받는단다. 예를 들면, 남녀관계가 엄격한 이슬람 국가에서 성장한 사람들은 보수적인 성윤리를 갖게 되고, 남녀관계가 자유로운 북유럽에서 성장한 사람들은 개방적인 성윤리를 갖게 되지. 그런데 문제는 자신이 속한 사회나 집단의 영향으로 생겨난 가치나 생각들이 머릿속에 절대적인 것으로 자리 잡으면서, 새로운 가치나 생각들에 대해서는 무조건 부정하고 배척하게 된다는데 있지. 이것을 고정관념의 벽이라고 한단다.

정은 아빠 설명을 들으니까 고정관념의 벽이 무엇일지 알 것 같으면서도 개념이 확실히 잡히지는 않아요. 쉬운 예를 한 가지만 들어주세요.

아빠 그래. 정은이가 이해할만한 쉬운 예를 들어 볼께.

아빠는 왼손잡이였기 때문에 밥도 왼손으로 먹고 글씨도 왼손으로 썼어. 그런데 그것 때문에 할아버지에게 많이 혼나고, 또 학교에서도 선생님에게 많이 혼났단다.

정은 네?? 왜 혼나셨어요?

아빠 밥 먹을 때는 오른손으로 먹으라고 할아버지에게 혼났고, 학교에서는 글씨를 오른손으로 쓰라고 선생님께 혼났단다.

정은 왼손을 쓰든 오른손을 쓰든 그게 뭐가 문제라고 혼을 내죠?

아빠 아빠가 어릴 때는 왼손으로 밥 먹고, 왼손으로 글씨 쓰는 것은 정상이 아니라고 생각하는 사람들이 많았기 때문이지. 그런데 밥 먹고 글을 쓸 때 왜 오른손만을 써야 하느냐고 물으면 아무런 이유가 없어. 많은 사람들이 자신도 모르는 사이에 왼손을 쓰는 것은 정상이 아니라는 생각을 갖게 된 것 때문에 그랬던 거지.

정은 무슨 말인지 이해가 갔어요. 그럼 이번에는 고정관념의 벽이 역사인식에 방해가 되는 예를 하나만 들어주세요.

아빠 그래.

아빠가 몇 년 전에 역사 강의를 하면서 3·1운동의 독립선언문에 서명한 민족대표 33인에 대해 이렇게 비판을 한 적이 있었어.

"3·1운동이 실패한 것에 대한 책임은 상당부분 민족대표 33인에게 있었다. 그 이유는 운동의 주도세력인 민족대표 33인의 엉성한 계획과 허술한 준비로 인해 조직적이고 체계적인 저항운동이 되지 못한 탓이고, 더 결정적인 것은 3월 1일에 독립 선언문을 낭독하기로 되어있던 파고다 공원에 비겁하게도 자신들은 나타나지 않아서, 군중들이 일본경찰의 총격에 죽고 다치면서 우왕좌왕하고 도망치기에만 바쁜 어처구니없는 비극적인 해프닝이 되고 말았다."

그런데 강의가 끝나고 나서 강의를 들은 몇 사람이 아빠에게 이런 문제 제기들을 하더구나.

"우리민족의 독립의지를 세계만방에 알린 역사적 사건이었던 3·1운동을 실패한 운동으로 깎아내리는 것이 올바른 역사인식인가?"

"독립운동에 몸을 바친 민족대표 33인을 비겁자라고 매도하는 것이 올바른 역사인식인가?"

이런 문제제기를 하는 이면에는 고정관념의 벽이 아주 굳건히 자리 잡고 있는 거야. 즉, 3·1운동은 자랑스런 운동이고, 또 독립선언문에 서명한 민족대표 33인은 훌륭한 분들이었다는 절대적인 고정관념이 자리 잡고 있어서 어떤 비판에 대해서도 합리적인 판단이나 타당성에 대한 검토 없이 무조건적으로 거부하고 받아들이지 않는 거지.

3·1운동에서 많은 시민들이 죽고, 부상당하고, 더구나 유관순이라는 어린 여학생까지 비참한 죽음을 당하는 희생을 치루고서도 정작 우리가 얻어낸 것이 아무것도 없다는 사실, 그리고 3·1운동을 일으킨 민족대표 33인이 계속해서 무책임으로 일관하다가 결국 대부분 변절해버린 사실, 이런 사실들에 대해서조차 터무니없는 고정관념의 벽 때문에 판단자체를 거부하는 것이지.

정은 3·1운동의 민족대표 33인이 거의 대부분 변절했었다는 사실은 충격이네요.

제2부 지배계층이 기만한 역사적 사실들

독립협회의 회장은 매국노 이완용이었다

독립문에 얽힌 웃지 못할 에피소드

1895년 4월, 청·일 전쟁에서 승리한 일본은 청과 시모노세키 조약을 맺으며 조약 제1조에 '중국은 조선이 완전한 자주독립국임을 명확히 인정한다'라는 조항을 강제로 집어넣었다. 그 후 1896년 7월에 정부의 지원을 받아 설립된 독립협회는 일본과 청 사이의 이 조약을 통해 조선이 청으로부터 독립했다며 이것을 기념하기 위해 조선의 독립을 기념하는 독립공원을 조성하고 또 독립문을 건립하기로 하였다.

그리하여 지금의 서울시 서대문구 현저동에 독립문을 세웠는데, 독립문이 현재의 위치에 자리 잡게 된 이유는 이전까지 조선의 종주국이었던 청의 사신을 맞이하던 영은문이 서 있던 곳이었기 때문이었다. 청으로부터의 독립을 보다 더 극적으로 상징하는 의미로 현재의 위치에 자리 잡게 된 것이다.

독립문 독립협회는 관변단체의 성격이 짙었고 분명한 정체성을 갖지 못한 채 민족의 독립을 위한 제대로 된 역할을 하지 못했다.

  그리고 독립협회는 1898년 8월에 이토 히로부미가 조선을 방문하자 그를 조선독립에 큰 공을 세운 사람으로 극찬하면서 감사의 표시로 독립문이 새겨진 은쟁반을 선물하기까지 하였다. 결국 독립문은 청으로부터의 독립을 기념하기 위해 세워진 것이며, 동시에 조선을 독립시켜 준 일본의 은혜(?)를 기념하기 위한 징표로 쓰이기도 한 것이다.

  그런데 일본이 청으로 하여금 조선이 자주국임을 인정하도록 강요한 속셈은 무엇이었을까?

  그것은 간단하다. 조선을 집어삼키려는 일본의 가장 큰 경쟁자가 되어온 청을 제거하기 위한 의도였다. 당시 민씨 정권은 청에 의존해 권력을 유지해왔고, 청은 민씨 정권을 보호하는 대신 조선의 종주국으로 행세해 왔기 때문에 일본에 있어서 청은 한 마디로 눈엣가시였다.

  그래서 일본은 조선을 둘러싸고 벌어지는 쟁탈전에서 청을 제외하기 위해 청에게 조선이 자주국임을 인정하도록 강요했던 것이다. 결국 '중국은 조선이 완전한 자주독립국임을 명확히 인정한다'라는 의미는 '중국은 조선에서 손을 떼고 물러난다'는 의미였던 것이다.

너무나 엽기적인 독립협회 인사들

현재의 국사교과서는 독립협회를 일제시대 계몽운동을 벌인 대표적인 애국단체로 서술하고 있다. 그런데 독립협회를 만들고 주도했던 중심인물들의 면면을 보면 대단히 엽기적이다. 을사오적으로 일컬어지는 이완용이 독립협회의 회장으로 활동했었고, 부친과 같이 2대째 대를 이어 일본인으로 귀화했던 친일파 윤치호도 회장을 지내며 중심인물로 활동했었다. 3·1운동이 일어난 직후인 3월 7일에 윤치호는 경성일보에 다음과 같은 담화문을 발표했었다.

"강자와 약자가 서로 화합하고 서로 아껴가는 데에는 약자가 항상 순종해야만 강자에게 애호심을 불러일으키게 해서 평화의 기틀이 마련되는 것입니다. 만약 약자가 강자에 대해서 무턱대고 대든다면 강자의 노여움을 사서 결국 약자 자신을 괴롭히는 일이 됩니다. 그런 뜻에서도 조선은 일본에 대해서 그저 덮어놓고 불온한 난동을 부리는 것은 이로운 일이 못 됩니다."

또한 『독립신문』을 창간한 서재필은 평생을 한국인이 아니라 미국인, 즉 필립 제이슨으로 살았으며 조선의 백성들에 대한 그의 인식은 『독립신문』에 그대로 반영되어 나타났다.

"우리나라 백성들은 몇백 년 교육이 없어서 (…중략…) 자유니 민권이니 하는 말도 모르고 혹 이런 말을 들은 사람은 아무렇게나 하는 것을 자유로 알고 남을 해롭게 하여 자기를 이롭게 하는 것을 권리로 알기 때문에, 이러한 백성에게 갑자기 민권을 주는 것은 도리어 위태롭기만 하다."

— 1898년 7월 28일. 『독립신문』—

이렇듯 백성들을 일방적으로 교화敎化시켜야 할 무지몽매한 대상으로만 보았기 때문에 독립협회는 동학운동과 의병활동에 대해서 격렬히 비판했고, 농민군과 의병에 대해 잔악한 토벌에 나선 일본군에 대해 찬사를 아끼지 않았다.

"조선의 백성들은 언제든지 원통한 일을 당하여 마음에 둔 미흡한 일이 있으면, 기껏 한다는 짓이 반란을 일으킨다든지 (…중략…) 동학당과 의병의 행세를 하니, 본래 일어난 까닭은 권權의 불법한 일을 부당히 여겨 일어나서 고을 안에 불법한 일이 다시 생기지 않도록 하자는 것인데, 저들은 불법한 일을 저희가 행하니 그건 곧 도적이라."

— 1898년 8월 12일. 『독립신문』—

『**독립신문**』 우리가 알던 순수 애국 계몽신문이 아니라 반민족·반민중적 신문이었다.

독립협회의 계몽활동은 무지몽매한 백성들을 교화시켜 바른 길로 인도한다는 식이었으며, 독립협회가 말하는 민권民權은 일반 백성들이 아니라 지주와 자본가들에게만 해당되는 개념이었다. 개혁을 추구하면서도 정작 개혁의 지지기반이 될 백성들을 철저히 도외시했다는 점에서 이들은 진정한 개혁론자들이 아니었다고 평가할 수밖에 없다.

독립협회 주도층의 사상적 한계

독립협회의 주도층이 갖고 있던 사상적 기반은 적자생존適者生存과 우승열패優勝劣敗를 절대시하는 사회진화론, 즉 약자는 도태되기 쉽고 또 강자가 약자를 다스리는 것이 당연한 세상의 질서라는 것이었다.

그래서 이들에게 제국주의는 저항할 대상이 아니라 오히려 본받고 배워야할 대상이었다. 그리고 세계를 지배하고 있는 서구의 국가들, 그 중에서도 특히 미국과 영국의 앵글로색슨족이야말로 가장 우수한 민족이며 그들이 세상을 지배하는 건 너무나 당연한 일이었고, 일본이 바로 '동양의 영국'이었으므로 일본에 대한 저항보다는 일본에 협력하고 동화되는 것이 오히려 태생적으로 약한 조선민족의 살 길이라는 결론에 쉽게 빠지게 되었다. 그래서 독립협회의 주도적 인물들 거의 절대다수가 한일합방 이후 친일파가 되었다.

또한 극단적인 서구우월주의에 빠져 있었기 때문에 이들의 목표는 오로지 조선을 최단시간 내에 서구화시키는 데 있었고, 그것이 곧 조선의 생존을 위한 유일한 길이라고 믿고 있었다. 그들의 이러한 시각은 독립협회 회장을 지낸 서재필의 글에서 대표적으로 잘 드러나고 있다.

"독일은 벽촌이라도 도로가 청결하고 (…중략…) 길가에도 의복을 풀거나 발을 벗고 다니는 아녀자를 하나도 볼 수 없었다."

뿐만 아니라 서재필이 우리나라 이름인 서재필 대신에 굳이 필립 제이슨이라는 미국 이름을 쓴 것, 또 『독립신문』에서 한자를 쓰지 않고 한글만을 쓰고 영자판 신문을 찍어낸 것, 그리고 1898년에 들어서면서 독립협회가 열강의 침략을 비판하는 분위기가 되자 서둘러 탈퇴

한 뒤 미국으로 귀국해 버리고만 것들은 서재필이 서구우월주의에 깊이 빠져 있었다는 간접적인 증거라 할 수 있다.

독립협회에 대한 온당한 평가

독립협회는 국사교과서에서 서술한 것처럼 구한말 순수한 애국 계몽단체도 아니었고, 조선 독립에 긍정적 역할만을 한 것으로 평가할 수도 없다. 독립협회는 처음 조직할 당시부터 정부 지원을 받아 조직된 관변단체의 성격이 짙었고, 또 독립협회 주도층의 지나친 서구 지향적인 태도로 인해 일본의 침략 의도를 간파하지 못했다. 그래서 동학운동과 의병운동에 대해 비판적 입장을 취하고, 오히려 의병운동에 대한 일본군의 잔악한 소탕작전을 찬양하는 등 반민족적이고 반민중적인 태도를 보이면서 민심民心으로부터 멀어져 갔다. 이들은 개혁을 추구하면서도 백성을 개혁의 동반자로 인식하지 않고 오로지 교화敎化의 대상으로만 삼았기 때문에, 백성들의 정치인식을 높이는 데도 실패했다.

그러면 독립협회의 성격을 어떻게 결론낼 수 있을까? 독립협회의 주도적 인물들은 그 나름대로 순수성과 애국심을 갖고 운동을 시작했지만, 스스로에 대한 터무니없는 엘리트 의식과 서구우월주의에 빠져 조선을 두고 벌어진 열강들의 첨예한 대립 속에서 좌충우돌하는 돈키

호테식 행보를 보임으로써 실제로 국가의 독립을 위해 기여한 바는 없었다고 보는 것이 가장 정확한 평가라 할 수 있다.

그리고 독립협회 활동에 적극적으로 참여했던 이승만이 8·15해방 이후에도 터무니없는 엘리트 의식과 독선으로 한국 민주주의 발전을 가로막은 최대 원흉이 되었다는 점에서 독립협회를 주도한 당시 인사들의 돈키호테식 성향을 간접적으로 확인할 수 있다고 생각된다.

아빠가 딸에게 들려주는 역사 이야기

학교 교과서에서 배운 역사와 아빠가 들려주는 역사가 다른 두 번째 이유

정은 역사는 누구의 관점으로 보느냐에 따라 달라진다는 것을 이제 알겠어요. 그런데 관점의 차이 말고 또 다른 이유가 있나요?

아빠 또 더 중요한 이유가 있단다.

정은 궁금해요. 빨리 말해주세요.

아빠 그래. 그런데 아빠는 이런 설명을 할 때마다 머리 속까지 화가 치밀어 오른단다. 우리 국사교과서는 아직도 친일사관의 영향을 벗어나지 못했기 때문이란다.

정은 친일사관이 뭐예요?

아빠 친일사관이란 일제시대 때 일본의 역사학자들이 식민지 통치를 합리화시키기 위해 우리 역사를 교묘하게 왜곡시키는 작업을 했는데 그 왜곡된 역사관에 근거해서 우리 역사를 바라보는 것을 말한단다.

정은 네? 우리가 해방된 지가 60년이 넘었는데 아직도 친일사관의 영향을 받았다고요?

아빠 그렇단다. 해방된 지가 60년이 넘었지만 우리는 해방이 되고나서도 친일세력의 청산이 전혀 이루어지지 않았기 때문에 친일사관의 영향을 아직도 받고 있단다.

정은 무슨 말씀인지 이해가 안가요.

아빠 아주 열 받는 이야기지만 일제시대 때 일본에 빌붙어 출세했던 사람들이 해방이 되고나서도 처벌을 받기는커녕 그대로 계속 잘나갔단다. 일제시대 때 독립군을 고문하는 일본경찰이었던 사람들이 해방이 되고나서도 여전히 우리나라 경찰의 우두머리가 되었고, 일제시대 때 조선총독부의 지원을 받아가면서 우리 역사의 왜곡에 앞장섰던 역사학자들이 해방이 되고나서도 교육부 장관을 지냈고, 또 국사편찬위원회의 위원장을 지내면서 역사학계에 막강한 세력을 구축했단다. 그러다보니 식민사관에 비판적인 역사학자들조차도 교수로 남으려면 이들의 눈 밖에 나면 안 되기 때문에 감히 비판적인 이야기를 못하게 되면서 친일사관의 영향이 그대로 교과서에 남아있게 된 것이지.

정은 아빠 말씀을 들어보니 정말 화나는 일이네요. 그런데 친일사관의 영향을 받은 것 한 가지만 예를 들어주세요.

아빠 예를 들면, 일제시대 때 일본의 역사학자 하야시 아리스케가 신라의 삼국통일론을 정립했는데, 친일사학자들이 이것을 아무런 비판 없이 그대로 수용했던 거야. 그런데 일본의 역사학자들이 신라 삼국통일론을 주장한 이면에는 숨겨진 의도가 있었단다. 일본은 드넓은 만주 땅을 다스린 발해의 역사를 우리역사에서 제외시킴으로서 우리 민족의 역사를 축소시키려 했던 것이지. 만약 신라의 삼국통일이 우리 민족의 통일이라는 주장을 하게 되면, 논리적으로 만주땅을 다스린 발해는 우리 민족의 범위에서 제외되고, 그렇게 되면 발해는 우리역사가 아닌 것이 되지.

정은 정말 그러네요. 신라가 삼국통일을 했다는 사실과 발해가 우리역사라는 사실은 서로 모순 되는 논리네요. 그리고 친일사학자들이 해방이후에도 주도권을 잡고 있었기 때문에 교과서에 삼국통일론으로 실리게 된 것이네요?

아빠 그렇지. 그런데 몇 년 전부터 중국의 동북공정이 논란이 되면서 역사학계에서 신라 삼국통일이 아니라 신라와 발해의 남북시대라는 주장으로 옮겨가고 있는 것이지.

정은 중국의 동북공정이 뭐예요?

아빠 간단히 말하면 발해가 한국의 역사가 아니라 중국의 역사라는 것이지.

정은 발해가 중국 역사라고요? 말도 안 되죠!

아빠 그렇지. 발해는 당연히 우리 역사지. 그런데 신라 삼국통일을 주장하면 논리적으로 발해가 우리역사가 아니라는 것을 스스로 인정하는 셈이 되니까 최근 신라와 발해의 남북시대였다는 논리로 옮겨가게 된 것이지.

이승만,
우리 현대사를 일그러뜨린 주범

국사교과서에서 전혀 찾아볼 수 없는 친일 청산 이야기

국사교과서에는 8·15해방 후 친일파들의 행적과 친일 청산을 위해 활동한 반민특위의 활동에 대한 것들이 단 한 줄도 기록되어 있지 않다. 상식적으로 불가사의한 일이다. 해방 후 뜨거운 국민적 관심 속에 시도되었던 친일 청산에 대한 이야기가 국사교과서에서 완전히 누락되어 버린 이유는 무엇일까?

초대 대통령 이승만은 일제 때의 친일 자본가와 지주들로 구성된 한민당의 지지를 받아 정권을 잡았고, 친일 경찰들을 정권유지의 하수인으로 이용해 장기독재를 했다.

3대 대통령 박정희는 일본 육군사관학교를 졸업한 후 일본군 장교로 근무했었다.

해외의 독립운동 단체인 국민회 친일세력을 기반으로 한 이승만 정권의 등장으로 인해 우리의 친일 역사 청산은 깨끗한 해결을 보지 못한 채 현대사의 커다란 오점으로 남게 되었다.

4대 대통령 최규하는 일제 관리 양성소였던 만주 대동학원을 졸업하고 일본 관리를 지냈다.

5대 대통령 전두환과 6대 대통령 노태우는 박정희가 길러낸 후계자들이었다.

해방 후 50년 동안 친일과 직·간접으로 관련된 자들이 이 나라의 통치자로 군림해왔고, 이 나라 교육의 총 책임자인 교육부 장관 중 여러 명이 친일을 했던 자들이었다. 특히 국사교과서를 편찬하는 국사편찬위원회의 위원장 중에도 친일파가 끼어 있었다.

다시 말해, 해방된 이후에도 친일파들이 득세한 세상이었기에 국사교과서에서 반민특위의 활동과 친일 청산에 대한 부분은 고의적으로 누락된 것이라 볼 수 있다.

외세에 의해 맞이한 8·15 해방

1945년 8월 15일, 꿈에도 그리던 해방 소식을 들은 김구는 감격에 겨워 눈물을 흘리면서도 기뻐하지 않고 오히려 땅을 치며 안타까워했다고 한다. 일본이 예상보다 빨리 항복을 함에 따라 목전에 와 있던 광복군의 국내진입 작전이 물거품이 된 것을 안타까워 한 것이었다. 1945년 3월에 광복군과 미군 첩보부대인 OSS 사이에 한미 합작 합의 사항이 서명되었고, 이에 따라 1945년 5월에 미군 OSS의 지원 하에 광복군 50명이 국내 진입작전을 위한 특수훈련을 받고 있었다. 그런데 일본의 항복으로 이 작전이 중지된 것이다.

김구는 왜 그리 땅을 치며 안타까워했을까? 그는 우리가 연합군의 일원으로 참전하지 못한 상태에서 전쟁이 끝날 경우 우리의 발언권이 없어지고, 그렇게 되면 우리 민족의 장래가 외세에 의해 좌우될 것을 염려한 것이었다. 그리고 그의 염려는 곧바로 현실로 드러나게 되었다.

친일파의 든든한 후원자였던 미군정과 이승만 정권

일본군의 무장해제 분담을 명목으로 미국과 소련현 러시아의 합의에 의해 북위 38도선을 경계로 한국은 남과 북으로 분단되었다. 남한에 진주한 미군은 조선 해방군이 아니라 조선 점령군의 성격을 취하게 됨에 따라 치안유지와 행정을 위해 기존의 체제를 그대로 유지하게 되었다. 점령군인 미군의 입장에서 친일파 숙청은 당연히 관심 밖의 사항이었으며, 해방이 되고서도 여전히 친일파들의 세상이 유지되었다. 더욱이 미·소간의 대결구도가 생겨나면서 남한에 반공국가를 세우려는 미국은 이들 친일파 세력들을 중용하였고, 미군정 하에서 친일파들은 처벌되지 않고 여전히 그들의 기득권을 유지해 나갈 수 있었다. 그리고 미군정이 끝난 뒤에도 친일파들은 초대 대통령인 이승만의 철저한 보호를 받게 된다. 이승만과 친일파들의 관계는 악어와 악어새 같은 철저한 공생관계였던 것이다.

8·15해방을 맞은 후 귀국한 이승만은 오랜 기간 미국에서만 활동한 관계로 국내에 정치적 기반이 없었고, 독선적인 성향으로 인해 상해 임시정부에서도 배척받는 분위기였다. 그래서 그는 친일의 약점이 있는 대지주 계층인 김성수, 송진우 등이 중심이 된 한민당과 손을 잡는다. 자본을 가진 친일세력들을 정치기반으로 삼은 것이다. 이러한 정치기반 위에서 이승만은 분단 상황을 이용하여 자신의 정적들을 탄압하였고, 친일 세력들은 대통령의 보호 아래 해방이 된 조국에서도 여전히 승승장구하게 된 것이다.

4·19로 인해 이승만 정권이 무너진 후 친일 청산을 할 기회가 주어졌으나 곧바로 박정희에 의한 5·16쿠데타가 일어나면서 또 다시 기회를 잃게 되었다. 일본군 장교 출신인 박정희 역시도 친일로부터 자유롭지 못한 존재였기 때문이다. 결국 친일 청산을 할 수 있는 민

대한민국 정부수립 정통성이 결여된 친일정부는 그들의 안위를 위하여 친일파는 보호하고, 애국지사는 숙청하였다.

주적인 민간정부가 들어서기까지는 무려 50년이 걸렸고, 친일파들은 연령적으로 볼 때 대부분 사망했거나 아주 연로한 나이가 되어 버렸다. 따라서 반민족행위자에 대한 처벌의 시기는 사실상 지났다고 보아야 하며, 역사적인 의미에서의 친일 청산만이 남아 있다고 할 수 있다.

반민특위에 대한 이승만 정권의 무자비한 방해 공작

8·15해방 이후 친일 청산에 대한 국민요구가 빗발치는 가운데 1947년, 남조선 과도 입법의원에 의해 친일 청산을 위한 특별법이 제정되었다. 그러나 미군정은 자신들의 협력자인 친일 경찰 및 친일 관료를 보호하기 위해 이 법의 인준을 거부하였다. 그리하여 불가피하게 친일 청산의 과제는 정부수립 이후로 넘어갔다.

정부수립 후인 1948년 9월 10일에 소장파 국회의원들에 의해 「반민족 행위 처벌법약칭:반민법」이 만들어지자, 이승만은 대통령 담화를 통해 이 법에 대한 반대 의사를 분명히 했다. 그의 담화 요지는 '친일 청산보다 공산당 섬멸이 더 중요하다'는 것이었다. 친일 청산에 반대했던 이승만은 이미 국회에서 통과된 법이기에 당연히 공포해야 함에도 불구하고, 차일피일 미루며 이 법을 공포하지 않다가 반발이 거세지자 마지못해 9월 22일에 공포했다. 「반민법」이 공포되자 다음날인 9월 23일에 친일파들은 즉시 '반공 구국 총궐기대회'를 열어서 격렬히 성토했다. 그들은 「반민법」이 민족을 분열시키는 법이며, 이런 법이 만들어진 것은 국회 내에 있는 공산당 프락치들이 음모한 것이라는 공격을 퍼부었다.

그 후 10월에 '반민족 행위 특별조사 위원회약칭:반민특위'가 설치되자, 악랄한 친일 경찰 출신으로 수도청 경찰 간부였던 최란수, 홍택희, 노덕술이 테러리스트 백태민을 사주해 반민특위 관련자 15명을 암살하려는 음모를 꾀했다가 백태민의 자수로 사전 발각되어 모두 구속되었다. 물론 이들은 얼마 안 있어 석방되었다.

1949년 1월부터 반민특위는 본격적인 활동에 들어갔고, 악질적인 거물급 친일 인사들이 속속 연행되었다. 친일기업가였던 화신백화점의 박흥식, 한때는 독립운동을 했다가 변절한 최남선과 이광수, 그리고 일제의 악랄한 고등계 형사로서 애국지사들을 체포해 잔인한 고문을 일삼은 노덕술이 구속되었다. 그러자 이승만은 반민특위에 노덕술

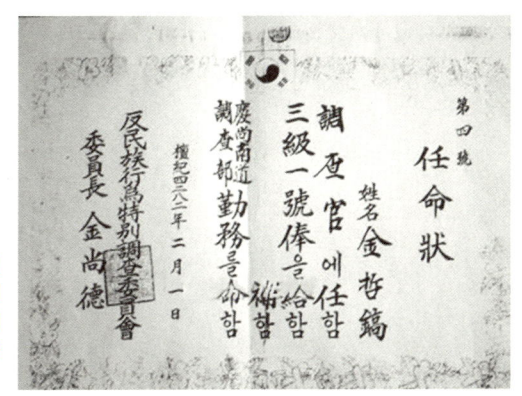

반민특위조사관임명장 친일 민족반역자를 처단하려 했던 반민특위는 여전히 기득권층을 유지했던 친일파들에 의해 실패로 끝나고 말았다.

의 석방을 요구했다. '노덕술은 경찰로서 공적이 있다'는 것이 석방 요구의 명분이었다. 반민특위가 이를 거부하자 이승만은 2월 22일 반민특위 개정안을 국회에 제출했다. 그런데 이 개정법안의 실제적인 취지는 친일파에 대한 처벌을 불가능하게 하려는 것이어서 국회에서 부결되었다.

반민특위 특별재판부에 의해 '반민족 행위자'에 대한 재판이 한창 벌어지고 있던 때에 갑작스럽게 5월 17일에 「반민법」에 대해 적극적이었던 소장파 국회의원 두 명이 국가보안법 위반 혐의로 구속되는 사태가 벌어졌다. 구속사유는 이들이 남로당과 접촉하였다는 것이었다. 그리고 6월 6일 새벽에는 무장경찰이 반민특위 사무실을 습격하여 반민특위 직원과 특별경찰들을 모두 체포해갔다. 이 사건으로 인해 국민들의 비판의 목소리가 높아지고 야당의 항의가 잇따르는 상황에서 이승만은 AP통신과의 인터뷰에서 '반민특위 해산은 대통령인 내가 직접 경찰에 지시한 것'이라고 밝히며 막가파식 배짱으로 맞섰다.

이어서 6월 21일에 국회프락치 사건 2차 검거로 소장파 핵심 국회의원들이 구속되었고, 6월 26일에는 백범 김구 선생이 안두희에 의해 암살되었다. 이런 공포 분위기 속에 이승만이 또 다시 낸 반민특위 개정안실제로는 반민특위를 없애는 법안이 국회에서 통과되었고, 이로 인해 친일 청산의 길이 거의 영영 막히게 되어 버렸다.

지지 기반이 없었던 이승만은 자신의 권력유지를 위해 절대적인 충성 세력이 필요했고, 이러한 충성 세력으로 친일파를 선택했기에, 이들을 보호하느라 수단과 방법을 가리지 않고 무자비하게 반민특위를 해체한 것이다. 이승만의 최대정적이라 할 수 있던 백범 김구 선생의 암살범 안두희가 아무런 처벌도 받지 않고 오히려 승승장구 할 수 있었던 것도 이승만의 보호가 없이는 불가능했던 것처럼, 그는 자신의 권력유지에 도움이 되는 자는 민족의 반역자라 해도 보호했고, 위협이 되는 자는 애국지사라 해도 가차 없이 처단하는 권력숭배자였던 것이다.

덧붙여 읽기

국회프락치 사건

국회프락치 사건은 반민특위를 통한 친일 청산을 제압하려 한 이승만 정권의 치사한 정치적 조작 사건이었다. 반민특위에 적극적인 소장파 의원들을 남로당의 박헌영과 접촉했다는 죄목을 씌워 「국가보안법」으로 구속한 용공조작의 첫 사례라 할 수 있다. 당시 국회프락치 사건이 정치적 조작사건이라 판단할 수 있는 근거는 네 가지이다.

첫째, 월북한 박헌영에게 구속된 의원들이 보고문을 보냈다고 하지만 실제로 공소사실을 입증할 수 있는 증거를 전혀 제시하지 못했다.

둘째, 친일 세력을 기반으로 정권을 잡은 이승만은 반민특위에 대한 방해공작을 하기 위해 수단과 방법을 가리지 않았었다.

셋째, 이 사건의 수사를 지휘한 수사본부장이 바로 전봉덕이었다. 그는 친일 경찰 출신으로 반민특위가 구성되자, 구속을 피하기 위해 헌병소령으로 입대한 자였다. 또한 그는 백범 김구 선생의 암살범인 안두희를 경찰에서 데려와 보호하고, 사건 축소 및 은폐로 승승장구 출세가도를 달렸던 전형적인 권력지향적 인물이었다.

넷째, 반민특위에 구속된 적이 있는 친일 경찰 출신 최운하당시 수도경찰청 수사과장가 이 사건의 수사에 직접적으로 개입되어 있었다.

반민특위에 대해 적대적이었던 당시 경찰과 헌병대의 수사관들이 반민특위에 앞장서다 구속된 국회의원들에 대한 수사방식이 어떠했을지는 불을 보듯 뻔한 일이다. 더구나 국가보안법 사범으로 잡혀온 이들에게는 최소한의 인권도 허용치 않았던 당시의 상황을 생각하면 고문과 구타에 의해 정권이 의도하는 대로 사건을 조작해 갔을 것이 너무 분명하다.

그러나 이 사건은 지금까지도 의혹 사건으로만 남아 있다. 당시의 피해자들이 6·25전쟁 중에 모두 납북되었거나 사망했기 때문이다. 게다가 당시의 상황을 알려줄 기록은 경찰만이 남아 있고, 특히 그 후로도 50년 가까이 반공을 명분으로 한 독재정권 하에서 이 사건에 대한 연구조차 억압하는 상황이었기에, 이 사건에 대한 진실을 규명하는 작업이 전혀 이루어지지 못했다.

프랑스의 나찌 청산과 한국의 친일 청산

"프랑스가 또 다시 외세의 지배를 받게 될지라도, 민족반역자가 다시는 나오지 않을 것이다."

― 나찌 청산 후 행한 드골의 연설 가운데 일부 ―

제2차 세계대전에서 독일에 패한 프랑스는 4년간 독일의 지배를 받게 되었다. 파리를 해방시킨 드골의 프랑스 정부는 독일 지배 기간 중 나찌에 협력한 민족반역자들에 대한 철저한 조사와 엄격한 처벌을 통해 나찌 청산을 이룬다. '애국자는 상을 받고 반역자는 벌을 받아야 사회정의가 서게 된다'는 것이 망명 정부 자유 프랑스를 이끈 드골 장군의 신념이었다. 이러한 반민족행위자에 대한 처벌로 1만 2천 명의 악질적인 나찌 협력자가 처형되었고, 3천 명의 고위 나찌 협력자가 종신형을 선고 받았으며, 1만 명의 적극적 나찌 협력자가 징역형을 선고 받았다.

특히 언론에 대한 처벌은 더욱 엄격했다. 독일 점령기간 중 15일 이상 발행한 신문은 직접이든 간접이든 모두 나찌에 협력한 것으로 간주해 폐간시켰고, 신문사 재산은 모두 몰수해 국고로 환수시켜 버렸다.

이에 반해 한국에서는 이승만 정권의 무자비한 공작으로 반민특위가 해체됨에 따라 친일파 중 단 한 명도 처벌을 받지 않았다. 아니 이들은 처벌을 받지 않은 정도가 아니라, 정권의 특별한 보호를 받아가며 출세가도를 달렸다. 이로 인해 나라를 판 대가로 엄청난 부를 축재했던 이완용의 사후에 그의 후손들이 땅을 되찾겠다고 소송을 내고, 법정은 땅을 되찾겠다는 후손들의 손을 들어주는 어처구니없는 일이 지금도 계속되고 있는 것이다.

더욱 큰 비극은 친일을 한 자들은 부를 축재했고 그 돈을 자식교육에도 투자해 자식들을 판사, 검사로 키워냈는데, 독립운동을 한 이들은 평생을 가난 속에 시달리느라 자식 교육마저도 제대로 시키지 못해 노점상과 막노동꾼으로 키웠다는 것이다

해방이 되고서도 친일파들이 설쳐댄 세상

일제 말기 2만 명의 애국지사들이 정치범으로 모진 감옥살이를 하

고 있는 동안, 일제에 협력하며 부귀영화를 누리던 친일파들은 8·15 해방 직후 잠시 주춤했으나, 곧바로 미군정과 이승만 정권, 그리고 박정희 정권 하에서 반공투사로 변신하며 단 한 번의 사죄나 반성 없이 여전히 이 나라의 중심세력으로 자리 잡았다. 친일 행위를 한 자들의 글이 아직도 교과서에 버젓이 실리고 있고 정계는 물론, 교육계와 문화계 할 것 없이 그들의 활약(?)은 실로 눈이 부실 정도였다. 이들의 활약상을 열거하면 아래와 같다. (일제 때~해방 후)

* 박정희 일본 육군사관학교를 졸업하고, 일본군 육군장교로 근무.
  - 5·16 쿠데타로 대통령이 됨.
* 최규하 일제 관료 양성소인 만주 대동학원 졸업. 만주국 관리 지냄.
  - 박정희 사망 후 대통령이 됨.
* 전봉덕 일제 때 경시(지금의 총경급)까지 오른 친일 경찰.
  - 헌병사령관. 대한변호사협회 회장 역임.
  - 31세에 요절한 천재작가 전혜린의 아버지.
* 김동인 순수 예술파로 알려졌지만, 일제가 패망하는 바로 그 날 친일 단체를 만들겠다고 총독부를 찾아간 블랙 코메디의 주인공.
  - 「감자」, 「배따라기」가 국어교과서에 실림.
* 홍난파 일본 천황과 일장기를 찬양하는 곡들을 작곡, 지휘.
  - '봉선화'가 음악교과서에 실림.
* 정일권 일본 육군사관학교를 졸업하고 일본군 육군대위로 근무.
  - 참모총장, 외무부 장관, 국무총리를 역임.
* 신현확 일제 때 고등문관 시험에 합격해 중앙행정관료를 지냄.
  - 경제기획원 장관, 국무총리를 역임.

* 김창룡 일본 관동군의 헌병 보조원으로 근무하며 독립군을 학살하고 고문했으며, 김구 선생 암살의 배후세력 중 한 사람.
    -육군 특무부대의 부대장을 역임.
* 노덕술 일제 때 독립운동가 같은 사상범을 다루는 고등계 형사로 근무하며, 수많은 애국지사들이 그에게 혹독한 고문을 받아 옥사.
    -수도경찰청 수사과장, 육군 범죄수사단장, 1960년 5대 국회의원 출마.
* 이병도 일제 때 조선사편수회에서 우리 역사를 왜곡하는데 참여.
    -교육부 장관을 지냈고, 어이없게도 독립 유공자 심사에 심사위원으로 참여.
* 홍진기 일제 때 판사를 지냄.
    -한일국교 정상화를 위한 한일회담의 한국 대표로 참가.
* 김성태 친일음악가.
    -3·1문화상을 수상했고, 그의 음악세계에 대한 설명이 음악교과서에 실림.
* 신석호 일제 때 조선사편수회에서 역사를 왜곡시키는 데 참여.
    -국사편찬위원장을 지냄.
* 장경근 일제 때 판사를 지냄.
    -내무부장관을 역임했고, 이승만 정권의 3·15부정선거에 깊숙이 관여.
* 이 호 일제 때 검사를 지냄.
    -치안국장을 역임.

베트남의 피밭에서 피어난
박정희의 경제개발 신화

가지 않을 수 없었던 전쟁터

세계 유일의 초강대국인 미국, 소련 연방이 해체된 이후 지금의 미국은 그야말로 '천상천하 유아독존'이다. 그런데 이런 미국과 전쟁을 벌여 굴복시킨 지구상의 유일한 나라가 있으니 바로 베트남이다.

미국은 베트남전쟁에 무려 1천500억 달러의 전쟁비용을 쏟아 부었고, 5만 명의 전사자와 70만 명의 정신이상자 사회 부적응자 등 막대한 희생자를 냈다. 그리고 베트남에 무려 390만 톤의 폭탄을 투하했는데, 이 폭탄의 양은 제2차 세계대전에 투하한 폭탄의 총량이 300만 톤이었던 점을 감안하면 실로 엄청난 양이었다. 그러나 미국은 이렇게 막대한 투자와 희생을 치르고도 북베트남에 패배한 것이다.

베트남전 참전을 위해 떠나는 군인들 32만 명의 한국군이 참전했던 이 전쟁에서 5천 명의 전사자와 수많은 부상자, 그리고 5만 명의 고엽제 환자가 발생했다.

미국은 남베트남이 공산화되면 서양장기 도미노처럼 연쇄적으로 주변 국가들이 공산화될 것이라는 소위 '도미논 이론'에 의거하여 남베트남의 정권을 지원함과 동시에 국제사회에 베트남에 대한 파병을 요청했다. 그래서 한국은 남베트남 정부의 요청에 의해 1964년에 1차로 130명의 의료지원단과 10명의 태권도 교관단을 파병했다.

그 후 1965년 5월에 미국의 존슨 대통령은 베트남에 전투병을 파병해 줄 것을 요청하였고, 마침내 1965년 6월에 남베트남의 수상인 구엔 카 오키의 전투병 증파 요청을 정부가 받아들이는 형식으로 이에 응하게 된다. 그 해 10월에 한국의 청룡부대와 맹호부대가 베트남에 파병되는 것을 시작으로 한국은 베트남전쟁에 본격적으로 참전하게 된다. 그리고 미국은 1966년에 한국의 베트남 참전에 대한 대가를 주한 미대사인 브라운이 작성한 '브라운 각서'를 통해 확실하게 약속한다. 1973년에 베트남에서 완전히 철수할 때까지 한국군은 32만 명이 참전했는데, 그 가운데 5천 명은 전사, 5만 명은 고엽제 환자가 되었다.

그러나 한국은 베트남 참전으로 인해 2만 5천 명의 근로자가 베트남에 취업하였고, 전쟁특수로 10억 불의 외화를 벌어들였으며, 이것으로 2차 경제개발 5개년 계획을 실행할 수 있었다. 이외에도 미국으로부터 17억 불의 군사, 경제 원조를 무상으로 받아냈고, 한국군의 현대화에 필요한 장비를 제공받을 수 있었다.

덧붙여 읽기

브라운 각서의 주요 내용

1966년 3월에 미국대사인 브라운이 한국의 베트남 참전에 대한 대가로 우리 정부에 약속한 핵심적인 내용은 다음과 같다.

군사원조
1) 한국군의 현대화를 위한 장비를 지급한다.
2) 한국군 참전에 따른 모든 경비를 부담한다.
3) 베트남 참전 한국군의 전투 수당을 지급한다.

경제원조
1) 경제개발을 위한 차관을 제공한다.
2) 베트남 건설사업에 한국기업의 참여를 보장한다.
3) 경부 고속도로의 건설을 지원한다.

반외세(反外勢)로 점철된 베트남 역사

베트남은 중국의 지배에 대항해 천 년 동안이나 싸운 나라다.

삼국지에 제갈공명에게 일곱 번이나 포로가 되고도 굴복하지 않았다는 부족장 맹획의 이야기가 나오는데, 바로 베트남이 그와 같은 나라인 것이다. 19세기 말에는 프랑스의 지배를 받게 되어 80년을 싸웠고, 제2차 세계대전 당시 프랑스가 독일에 무너지자 1940년에 상륙한 일본의 지배를 받게 된 베트남은 또 일본에게 맞서 싸웠다. 그리고 제2차 세계대전이 끝나고 독립을 선언한 베트남에 프랑스가 옛 주권을 주장하며 다시 들어오면서 프랑스에 대항한 항쟁이 다시 시작된다.

1949년, 중국의 마오쩌둥이 장개석 군대를 몰아내고 중국을 통일하자 냉전논리에 입각해서 공산주의에 대항한다는 명분으로 미국은 프랑스에 30억 불의 군사원조를 하며 베트남 침략을 지원한다. 그러나 마침내 1954년에 디엔비엔푸 전투에서 베트남이 프랑스군에 대승을 거둠으로써 프랑스는 호치민과 제네바 협정을 맺는다.

제네바 협정의 주요 내용은 다음과 같다.

북위 17도선을 기준으로 북부는 호치민이 통치하고 남부는 프랑스가 통치하며, 60일간 주민들은 자기가 거주하길 원하는 지역으로 자유롭게 선택해 이동할 수 있다.

2년 내에 남북자유 총선거를 실시하여 베트남에 독립국가를 세운다.

그러나 미국의 지원을 받아 남베트남의 지도자로 부각된 고딘디엠은 당시 베트남 국민들의 반외세 정서로 인해 남북한 자유 총선거에서 이길 가능성이 전혀 없다고 판단되자 남베트남 단독정부를 세워 정권을 잡게 된다. 결국 미국의 지원을 받는 고딘디엠의 권력욕에 의해 베트남은 남북으로 분단된 나라가 된 것이다. 그 후 고딘디엠이 이끄는 남베트남은 권력층의 부정부패로 인해 국민적 지지를 받지 못했고, 계속된 쿠데타를 통해 정권이 여러 번 바뀌었다. 그러나 바뀐 정권들도 한결같이 고질적인 권력형 부패를 해결하지 못하게 됨에 따라 국민적 저항이 계속되었고, 북베트남은 남베트남의 저항세력들을 지원하였다.

한편 남베트남 국민들의 저항이 거세지면서 남베트남 정권이 흔들리자, 미국의 대(對)베트남 전략이 바뀌게 된다. 즉 남베트남 정권을 지원하여 북베트남을 견제한다는 전략에서 미국이 직접 개입하여 북베트남 정권을 무너뜨리는 전략으로 변경된 것이다. 그래서 미국은 1964년에 통킹만 사건을 구실로 북베트남을 폭격하면서 미국과 북베트남간의 본격적인 전쟁이 시작된 것이다.

덧붙여 읽기

통킹만 사건

미7함대 소속의 매덕스호가 북베트남의 해군 어뢰정으로부터 총격을 받은 사건이다. 그러나 베트남전 이후 비밀 해제된 미국방부의 문서가 공개되면서 이 사건은 미국이 베트남전에 개입할 명분을 만들어내기 위해 조작된 사건이었음이 밝혀져 미국민들에게 충격을 주었다. 매덕스호는 실제로 공격받은 적이 없었던 것이다.

통킹만 사건을 구실로 북베트남과 전쟁을 벌인 미국은 그 후 압도적인 화력과 병력에도 불구하고, 베트남 민중들 대다수의 압도적 지지와 정글이라는 자연적 조건을 바탕으로 벌이는 북베트남의 게릴라전에 고전을 면치 못한다. 베트남전에서 미군 전사자가 대량 발생하고 전쟁이 장기화되면서 미국민들의 반전여론이 높아지자, 결국 미국은 최초로 패배한 전쟁이라는 불명예 속에 1973년 베트남에서 철수하게 된다. 그 후 1975년 남베트남은 대통령인 구엔 반 티우가 금괴 2톤을 갖고 해외로 도피하였고, 남베트남 정부는 곧바로 붕괴되어 하나의 나라로 통일되었다.

베트남 민중들의 선택

　이 문제는 베트남전에 참전한 한국군의 성격을 평가하는데 있어서 중요한 판단기준이 될 수 있다. 만일 한국이 지원했던 남베트남이 붕괴된 것을 베트남의 불행한 공산화라고 본다면, 한국군의 파병은 자유수호를 위해 참전했던 것이 된다. 하지만 남베트남이 붕괴된 것을 베트남의 분단극복 혹은 민족통일로 본다면, 한국군의 파병은 본질적으로 용병의 성격을 띠게 된다.

　그렇다면 이 질문에 대한 해답을 내는데 있어서 누구의 입장이 가장 중요한 것일까? 그건 누가 뭐라 해도 당연히 베트남 민중들의 입장이다. 왜냐하면 베트남의 주인은 베트남 민중들이기 때문에 설사 그들의 선택이 제3자의 입장에서 볼 때 틀린 것이라 해도 그들 스스로의 판단에 의해 선택한 것을 그 누구도 뒤집을 권리가 없기 때문이다. 제3자였던 미국과 한국에게 베트남 전쟁은 이데올로기의 싸움이었지만, 베트남 민중들에게는 그 전쟁이 자기 땅에서 외세를 몰아내기 위한 싸움인 동시에 민족통일을 위한 싸움인 것이다. 미국의 엄청난 지원으로 북베트남보다 군사력에 있어서 압도적으로 우세했던 남베트남 군대가 세계 최강인 미군과 연합하고도 패배한 이유가 무엇이었을까?

　프랑스 통치시절, 베트남의 독립을 위해 싸워온 북베트남의 호치민!

프랑스 통치시절, 프랑스 군대의 장교였던 남베트남의 권력자들!
점령한 지역의 토지를 농민들에게 무상분배한 북베트남의 호치민!
점령한 지역의 토지를 농민들에게서 무상으로 강탈한 남베트남의 고위 정치인들!

남과 북의 서로 상반된 지도자들을 보며 베트남 민중들의 선택은 너무도 확실하게 정해져 있었다. 뚜렷한 군사력의 열세에도 불구하고 북베트남이 승리할 수 있었던 이유는 바로 베트남 민중들의 열렬한 지지와 협조였던 것이다.

객관적 시각으로 바라본 한국의 베트남 참전

베트남전의 한국군 파병이 자유수호를 위한 것이었다고 미화시키려는 태도는 너무나 주관적이고, 일종의 쇼비니즘, 즉 맹목적 애국주의일 뿐이다. 당시의 베트남 민중들 중 절대다수가 남베트남 정부를 외세의 앞잡이로 인식하고 있었다. 그리고 그들은 이데올로기를 위해서가 아니라 그들의 땅에서 외세를 몰아내려 싸웠다. 우리가 베트남전에 파병을 한 결정적 동기가 참전으로 얻을 수 있는 실리적 이익이었다는 점에서 자유수호를 위한 파병이었다는 주장은 설득력이 없다. 그러나 당시의 베트남 파병에 대해, '단순 용병이었다'라고만 쉽게 결론내릴 수 없게 하는 두 가지 힘든 문제가 있었다.

전쟁을 끝내고 귀환하는 군인들 수많은 희생을 대가로 치러야 했던 이 전쟁에서 우리가 얻은 것은 무엇이고 잃은 것은 무엇인가?

첫째, 현실적으로 미국의 파병요구를 거부하기 힘든 상황이었다는 불가피한 측면이 있었다. 당시 한국군의 참전이 미국의 파병요구에 의한 불가피한 선택은 아니었다는 반론도 있다. 이런 반론의 근거는 1965년 미국 대통령 존슨의 파병요구가 있기 전인 1961년에 이미 박정희 대통령이 먼저 파병제안을 했다는 사실이다. 그러나 미국의 파병요구가 있을 경우 한국은 자기의지대로 선택할 수 있는 입장이 아니었다는 점에서 이런 반론은 무의미하다. 한국군의 작전권, 즉 한국 군대의 지휘권을 미국이 갖고 있던 상태에서 한국이 파병의지가 있었느냐 없었느냐 하는 것조차도 의미 없는 논쟁일 뿐이다. 더구나 한국 경제가 미국의 원조에 절대적으로 의존하고 있던 1960년대의 상황에서 미국의 파병요구에 대해 한국은 원하든 원하지 않든 거부할 수 없는 불가피한 상황에 놓여져 있었던 사실이 인식되어야 한다.

둘째, 당시 우리의 형편이 명분보다 실리만을 좇을 수밖에 없을 만큼 가난했다는 절박한 현실의 문제가 있었다. 1960년대 한국은 세계에서 가장 가난한 나라들에 속해 있었다. 뉴스에서 보도하는 아프리카의 현실과 조금도 다를 바가 없었다. 봄이면 농촌에 먹을 것이 없어서 소나무 껍질을 벗겨 죽을 쑤어 먹는 일이 일상적인 모습이었고, 극소수의 상류층 이외에는 TV는 고사하고 라디오를 갖고 있는 집도 드물었다. 1965년, 베트남에 전투병의 파병 결정을 앞두고 야당과 일부 지식인들의 반대 목소리가 있긴 했지만, 국민적 공감을 크게 얻지 못했던 이유가 바로 가난 때문이었던 것이다.

한국군의 베트남 파병은 본질적으론 '용병'이었으나 미국의 요구에 의한 불가피한 선택이었고, 가난 때문에 전쟁터에 가는 것을 피할 수 없었던 절박한 상황의 결과였던 것이다.

그리고 베트남 참전으로 얻은 경제적 성과가 한국경제 발전의 가장 큰 기반이 되었다는 점에서 당시 베트남전에 참전한 한국군의 위상과 역할에 대해 새로운 각도, 즉 이들이 흘린 피와 땀이 베트남의 자유수호가 아니라 한국경제 발전의 초석이 된 것으로 평가되어야 한다.

과거와 현재와의 대화

미군은 우리에게 어떤 존재인가?

1945년 9월 8일, 인천항을 통해 상륙한 미군은 해방군의 모습이 아니라 점령군의 모습으로 첫 발을 들여 놓았다. 미군은 상륙을 앞두고 일본군과 경찰을 동원하여 한국인의 외출을 전면 금지시킨 후 상륙하였다. 당시 미군을 환영하는 일부 시민들이 인천항에 모여 들었다가 경비구역을 침범했다는 이유로 일본 경찰이 발포하여 2명이 사망하는 사건이 발생하였다. 이 사건에 대한 한국인들의 항의에 미군은 정당한 공무집행이었다며 일본 경찰을 끝까지 두둔했다. 그 후 이 땅에서 미군의 존재는 감히 비판할 수도 없는 성역으로 존재해 왔고, 현재도 그러하다.

1960년대에 베트남의 한국군 참전이 우리의 경제적 이익을 위한 것이었지만, 미국의 압력도 우리가 참전 결정을 할 수밖에 없는 중요한 요소였다. 이 땅에서 미군이 우리에게 어떤 존재였는가에 대한 것은 극우 반공 이데올로기와 좌익적 경향의 사고가 혼재되어 있는 현실에서 결론이 나지 않을 문제이므로 그것에 대한 평가가 현재로선 아무 의미가 없다.

지금 시점에서 객관적으로 이야기 될 수 있는 논점은 두 가지다.

첫째, 미군이 우리의 안보에 절대적인 존재인가?

국방부는 현재 한국군의 전력이 북한군의 75%며, 부족한 25%를 미군이 담당함으로써 힘의 균형이 이루어지고 있다고 말하고 있다. 군에 대한 정보가 공개되지 않고 있는 상황에서 정확한 힘의 우열을 말할 수는 없다. 하지만 한국과 북한의 국방비 지출을 비교해 보면 국방부의 이런 주장에 대해 심각한 의문을 제기할 수밖에 없다. 국방부 발표에 의하면, 국방비가 전체 재정 중에 차지하는 비율이 한국은 16%인데 비해 북한은 30%라고 한다. 이 통계만 놓고 보면 북한이 한국보다 더 많은 국방비를 지출하고 있는 것 같은 착각이 든다. 그러나 이것은 통계의 함정이다.

한국은행의 발표에 의하면 2000년도 북한의 GDP 규모는 한국의 1/27에 불과하다. 따라서 국방비 지출 비율은 북한이 높지만 경제규모의 차이를 감안하면 국방비로 지출되는 실제 비용에 있어서 북한은 남한에 비해 비교가 되지 않을 정도로 적다는 사실이다. 런던의 국제문제연구소가 발표한 2000년도 남북한 국방비 지출액 비교에 의하면, 북한은 21억 달러인데 비해 남한은 121억 달러였다. 그러니까 남한은 북한에 비해 6배 정도나 많은 국방비를 지출하고 있는 셈이다.

북한보다 6배 더 많은 국방비를 지출하면서도 북한군 전력의 75%밖에 되지 않는다는 것이 사실이라면 이것은 아주 심각한 일이다. 한국의 국방을 책임진 이들은 6배나 더 많은 국방비를 지출하면서도 북한 전력의 75%밖에 안 될 정도로 극도로 무능하거나 아니면 이들이 국방비를 중간에 엄청나게 착복했다는 결론이 나오기 때문이다. 그렇게 되면 북한에 비해 6배나 더 많은 국방비를 지출하면서도 미군의 지원 없이는 북한의 위협에 놓일 만큼 국방비를 비효율적으로 사용한 국방부에 대해 먼저 책임을 물을 수밖에 없게 된다.

둘째, 한국군의 자주성이 확보되어 있는가?

1950년도에 이승만 정권이 한국군의 작전 지휘권을 미국에게 넘긴 이후 이 부분에 대한 논란이 계속 되자, 1994년에 부분적인 변화가 있었다. 즉, 평시에 한해서만 한국군대의 작전 지휘권이 한국군에게 넘어온 것이다. 하지만 이것은 의미 없는 눈속임에 불과하다. 엄밀히 말해서 군대의 작전 지휘권이 의미를 갖는 것은 평시가 아니고 전시다. 그런데 전시에 한국군대의 작전지휘권은 아직도 우리에게 있는 것이 아니라 미군이 갖고 있으며, 이것은 대단히 심각한 문제다. 예를 들어 미국이 이라크를 공격하듯 북한을 공격한다고 가정해보면, 우리가 북한과 전쟁할 의사가 있든 없든 한국군의 작전지휘권이 미군에게 넘어가므로 자동적으로 남북간의 전면전이 될 수밖에 없을 것이다.

불행하게도 한국군의 지휘권을 전시에 미군이 갖게 된다는 것은 우리의 운명이 미국의 손에 쥐어져 있다는 것을 의미하는 것이다.

박정희 Vs 호치민

박정희 반갑소. 그때 우리가 해병대까지 보내서 애 좀 먹었겠소?

호치민 오! 용병대장 오셨군!

박정희 하하하, 아직도 감정이 많으시네.

호치민 뭐, 다 지난 일이고, 또 한편으론 이해도 가고, 그래도 당신들은 좀 심했소.

박정희 우리가 심했다는 건 인정하오. 하지만 어쩌겠소? 봄만 되면 식량이 떨어져서 밥을 굶는 국민들이 온 나라 사방 천지에 널려 있다보니 뭐 이것저것 따질 틈이 없었소. 그러다 보니 용병이니 뭐니 하는 욕을 먹더라도 파병을 안 할 수가 없었소. 우리가 못할 짓 한 것은 인정하오. 그래도 전쟁이 끝나고 30년이 지나긴 했지만 우리 대통령이 정식으로 사과했잖소?

호치민 그랬다고 들었소. 뒤늦게라도 사과했기 때문에 우리도 감정이 많이 풀렸소.

박정희 그런데 그때 베트남 국민들에게 당신 인기는 정말 최고던데? 그걸 보고 미국이 당신들 이기기 힘들 거라고 생각했었소.

호치민 허허허, 우리 국민들이 날 믿고 따라줘서 미국을 몰아내고 민족통일 할 수 있었소.

박정희 당신 참 대단한 사람이오! 도대체 그 인기의 비결이 뭐요?

호치민 쑥스럽게 왜 이러시나. 굳이 말하자면 난 베트남과 결혼한 사람이었기 때문이오.

박정희 베트남과 결혼했다? 무슨 말인지 이해가 안 가는데?

호치민 베트남이 프랑스 식민지일 때부터 내가 독립투쟁에 가담하다보니 결혼도 못하고 평생을 혼자 살았잖소. 그래서 난 베트남이라는 나라와 결혼했다고 한 거요.

박정희 그것 말고도 또 뭔가 있는 것 같은데?

호치민 또 뭐가 있겠소? 굳이 말하면 내가 욕심 안 내고 산 것이겠지. 내가 죽고 나서 우리 국민들이 '호치민 기념관' 만들려고 하다가 다시 한 번 내게 놀라고 눈물 흘리고…….

박정희 당신에게 놀라고 눈물 흘렸다고? 무슨 일로?

호치민 내가 죽었을 때 내 소유의 재산이 딱 3가지 밖에 없었소. 내가 쓰고 있던 안경, 입고 있던 인민복, 신고 있던 정글 슬리퍼. 그게 내가 남긴 모두였소. 기념관을 만들려니 뭐 갖다 놓을 게 있어야지. 그래서 모두들 놀라고, 또 눈물 흘렸다 하오.

박정희 하긴 당신이 얼마나 청빈하게 살았는지 잘 아오. 당신이 베트남 국민들에게 국부(國父)로 존경받았던 것도 알고 있지.

호치민 어쨌든 당신네는 베트남 파병으로 한몫 단단히 챙겼지 않소?

박정희 솔직히 그랬소. 그 돈으로 경제개발해서 지금은 먹고 살만하지. 어쨌거나 당신네에겐 늘 미안한 마음 갖고 있소이다.

인혁당 사건은
유신정권 최대의 정치조작 사건

1. 2차 인민혁명당 사건

인민혁명당 사건은 1차와 2차로 나누어진다.

1964년 봄, 해방 이후 단절되었던 한국과 일본간의 국교를 재개(再開)시키기 위한 한·일정상회담이 성사되려 하자 그간의 회담 과정이 굴욕적인 외교였다고 비판하며 한·일정상회담에 반대하는 국민들이 늘어났고, 결국 대학생들의 전국적인 반대시위가 펼쳐졌다. 그러자 박정희 정권은 그 해 6월 3일 비상계엄을 선포하여 한·일정상회담에 반대하는 대학생들의 시위를 힘으로 억누르려 하였다.

하지만 그러기 위해선 명분이 필요했다. 그래서 중앙정보부로 하여금 정치조작사건을 만들어내게 하였다. 중앙정보부는 '북괴의 지령을 받은 대규모 반국가 단체인 인민혁명당이 국가전복을 꾀하려 했다'는 요지의 엄청난 사건을 발표했는데 이것이 1차 인민혁명당 사건이다.

유죄 판결을 받은 인혁당원과 피고 32년 만의 재심 공판에서 관련자 8명에 대해 무죄를 선고했다. 하지만 유족들의 한과 부끄러운 역사는 어떻게 할 수 있을까?

그러나 검찰은 이 사건이 중앙정보부에서 아무런 증거도 없이 고문으로 조작하였다는 것을 확인하게 된다. 이에 관련 검사 3명이 기소를 거부하고 사표를 제출한다. 당황한 중앙정보부의 압력으로 검찰이 이 사건과 관련도 없는 숙직 검사를 시켜 억지기소를 했지만 날조된 조작 사건이라는 여론에 밀려 결국 일부 관련자만 가벼운 형량에 처한 뒤 마무리되어 중앙정보부의 사건조작은 실패로 끝났다.

그 후 10년 뒤, 1974년에 박정희 정권은 유신에 반대하는 학생과 재야의 대규모 시위를 봉쇄하기 위해 긴급조치 4호를 선포했다. 그러나 이 조치만으로 부족하다고 판단한 박정권은 용공조작 사건을 만들어내기에 이르렀다. 우선 당시 학생들이 주도한 반유신투쟁을 민청학련 사건으로 엮어 사형선고를 내리고, 그 배후세력으로 두 그룹을 만들어냈다. 하나는 윤보선, 지학순, 김찬국, 김지하 등의 저명인사 그룹이었고, 또 하나는 1차 인혁당 사건 관련자들이었다. 이렇게 두 그룹을 만든 이유는 사건을 확대 포장해 선전하기 위해서였다. 즉 그럴듯한 배후세력을 만들어내고, 또 이들 중 일부는 사형시켜도 사회적으로 관심이 적을 무명인사 그룹으로 엮었는데 이것이 2차 인혁당 사건이다.

이 사건으로 23명이 구속되어 군사재판을 받았고, 그 중 8명은 사형선고를 받고 처형되었다.

도예종(51세, 삼화토건 회장)
이수병(37세, 삼락 일어학원 강사)
우홍선(45세, 한국 골든스탬프사 상무)
여정남(31세, 전 경북대학생회장)
서도원(52세, 전 대구매일신문 기자)
하재완(43세, 양조장 경영)
김용원(39세, 경기여고 교사)
송상진(46세, 양봉업)

인혁당 사건의 조작 근거

첫째, 당시 중앙정보부는 이들이 북한의 지령에 의해 '인민혁명당'을 재건하여 국가반란을 시도했다고 발표했지만, 관련자들에 대한 혹독한 고문을 통해 얻어낸 자백만이 유일한 증거였고, 어떤 물증이나 단서도 제시하지 못했다.

둘째, 이 사건으로 구속된 관련자들 대부분이 중앙정보부가 발표한 사건 관련 언론 보도를 보고서도 피하지 않고 집에 있다가 구속되었다는 사실이다. 만일, 중앙정보부의 발표대로 실제로 '인민혁명당'이 있었고, 그들이 인민혁명당에 개입하고 있었다면 당연히 미리 피하지 않았을까? 결국 관련자들 자신도 모르게 조작된 사건으로 구속된 것이다.

셋째, 대법원의 사형확정 판결이 난 후 바로 다음 날 형을 집행했다는 점이다. 확실한 증거가 있는 남파 간첩도 형이 확정된 후 3~4년 형 집행을 미루는 것은 어느 나라에서나 공통된 관행이다. 형이 확정된 뒤 하루도 지나지 않아 집행한 것은 이 사건이 처음부터 조작된 사건이었기에 사건 자체를 서둘러 끝내기 위한 무리수라고 밖에 볼 수 없다. 사형 판결이 난 후 24시간 이내에 형을 집행한 경우는 지구상에서 그 이전에도 그 이후에도 인혁당 사건이 유일한 경우였다.

넷째, 형이 집행된 후 가족들의 동의도 없이 일부 시신을 화장해 버렸다. 이것은 그들에게 행해진 고문의 흔적을 은폐하기 위한 것이었다. 처음부터 짜여진 시나리오에 의해, 가혹한 고문으로 사건을 조작했던 것에 대한 가장 확실한 증거라 할 수 있다.

억울한 죽음, 뉘우칠 줄 모르는 가해자들

2002년 9월 12일, 마침내 국가기관인 의문사 진상규명 위원회는 1974년의 인혁당 사건이 중앙정보부가 기획하고 대법원이 협조한 조작된 사건이었다고 공식적인 발표를 했다. 말하자면 인혁당 사건이 공권력에 의한 사법살인詞法殺人이었다는 점을 국가가 공식적으로 인정한 것이다. 그러나 이 사법살인에 가담했던 당사자들 중 자신의 잘못을 참회하거나 책임지려한 이는 단 한 사람도 없다. 그들은 30년이 지난 지금에 와서도 자신들이 저지른 잘못에 대해 솔직히 참회하기는커녕, 자신들의 판단이 옳았다고 강변함으로써 유가족들의 가슴에 두고두고 견디기 힘든 상처를 내고 있다. 그리고 더욱더 분노할 수밖에 없는 사실은 이들 가해자들이 지금도 우리 사회의 소위 사회지도층 인사, 즉 잘나가는 주류세력으로 떵떵거리며 살아가고 있다는 것이다.

이 책을 맺으며

세뇌당한 역사의식에서 탈피하기

역사를 바라보는 관점이 중요한 이유

어느 날 흘러내린 눈물은 영원히 마르지 않을 것이며, 시간이 흐를수록 더욱 더 맑고 투명하게 빛나리라. 그것이 타지마할이라네.
- 타고르 -

아름다움의 끝은 손목을 앗아갔고, 그 큰 무덤은 내 형제들도 함께 데리고 갔다네.
- 썬더싱 -

1631년, 무굴 제국의 5대 황제였던 샤자한은 사랑하는 아내가 죽자 그녀의 유언대로 아름다운 무덤을 지었다. 이것이 인도가 자랑하는 세계적인 건축물 타지마할이다. 타지마할은 매일 2만 명의 노예가 동원되어 무려 22년 만에 지어졌는데, 황제는 타지마할이 완성된 후 다시는 이와 같은 아름다운 건축물을 만들지 못하도록 하기 위해 건축에 동원되었던 노예 장인들의 손목을 모두 잘라버렸다. 그 후 왕은 아들의 반란에 의해 자기가 지은 성의 탑에 갇혀 일생을 마치게 된다.

타지마할 건축에 얽힌 이 이야기는 한편으론 아름다운 로맨스일 수 있지만, 또 한편으론 한 정신 이상자의 광적인 집착일 수도 있다. 반란을 일으킨 아들은 일반적인 시각에서 보면 패륜아지만, 샤자한의 광적인 건축으로 인해 국가재정이 고갈되고 공사에 동원됐던 노예들의 고통이 극심했던 것을 생각하면 샤자한을 몰아내고 공사를 중단시켰다는 점에 있어서 영웅이다.

어쨌거나 인도 벵골지방의 최고 명문가 출신이었던 시인 타고르가 바라본 타지마할은 아름답고 신비로우며, 타지마할을 바라보는 그의 감정은 편안하고 여유가 있다.

이에 반해 인도의 천민 출신으로 태어나 인도를 방랑했던 시인 썬더싱이 바라보는 타지마할은 사람들의 손목을 앗아가고 형제들을 죽게 한 거대한 무덤일 뿐이었다. 썬더싱에게 타지마할은 도저히 편안한 마음으로 바라볼 수 없는 공포와 증오의 상징일 뿐이었다.

이처럼 동일한 사물도 누구의 입장에서 바라보느냐에 따라 평가는 완전히 다를 수밖에 없다. 역사를 바라보는 시각이 누구의 입장인가 하는 것은 대단히 중요하다. 기득권층의 시각으로 역사를 바라볼 것인가? 아니면 민중의 시각에서 바라볼 것인가? 이에 따라 동일한 역사적 사건에 대해서도 그 의미에 대한 평가는 다를 수밖에 없다.

우리 역사도 마찬가지다. 신라의 유산인 불국사는 당시 지배계층에게는 자랑스럽고 찬란한 신라불교 번영의 상징이었지만, 불국사를 짓느라 강제로 동원되어 관리들에게 매를 맞으며 중노동에 시달렸던 당시의 민중들에게는 착취와 고통의 상징이었을 것이다.

민중의 시각에서 바라보는 역사

앞서 말한 것처럼 우리는 4천 년 동안 단 한 번도 시민혁명을 이루지 못했고, 우리 역사는 늘 주류의 입장을 설명하는 역사가 되고 말았다.

오늘날 일부 역사학자들이 금과옥조처럼 붙들고 늘어지는 '왕조실록'도 당시의 사관史官들이 왕의 명을 받아 쓴 기록인지라 정권 합리화에서 자유로울 수 없었으며, 또 역사 기록자의 주관主觀이 상당 부분 개입될 수밖에 없는 한계를 지니고 있었다.

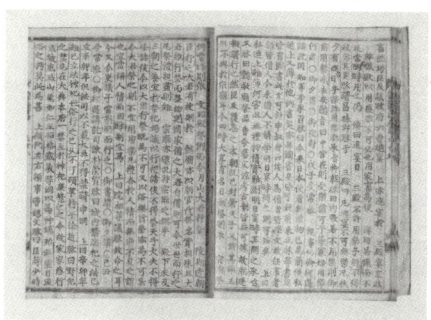

조선왕조실록 사관들이 기록한 조선왕조실록은 권력투쟁에서 승리한 자들의 입장에서 기록함으로써 객관적인 역사기술서라고 보기에는 한계가 있다.

그럼에도 우리 사학계는 친일 사학자 이병도와 제자들을 중심으로 역사적 사료에 기록되어 있는 사실들만을 역사로 인정하는 것이 과학적이라고 주장했다. 소위 '사서 지상주의史書 至上主義'에 빠져 우리 역사 중 사료가 절대적으로 부족할 수밖에 없는 민중항쟁의 시도들에 대한 연구를 역사에서 완전히 제외시켜 버리고 말았던 것이다. 이들이 기록한 국사교과서는 당연히 권력의 변화를 설명하는 역사였고, 왕조의 변천사가 중심적인 역사였다. 왕조에 대항한 모든 사건은 획일적으로 '난亂'으로 기술하고 있다. 신분 해방을 외친 만적의 혁명이 어찌하여 '난'인가? 부패한 세도정치의 타도를 시도한 홍경래의 사건을 무슨 이유로 '난'이라 왜곡하는가?

TV 사극의 주제도 대부분 궁중의 권력다툼이고, 왜곡한 역사지식에 근거한 엉뚱한 선과 악의 대결이다.

사악한 장희빈에게 빠진 숙종은 어질고 정숙한 본부인 인현왕후를 내치고 그로 인해 민심이 흉흉해진다. 결론은 숙종이 자신의 잘못을 깨우치고 난 후 다시 본부인 인현왕후를 불러들이고, 사악한 장희빈은 마침내 사약을 받아 죽는다.

　그러나 장희빈과 인현왕후의 대결을 민중의 입장에서 바라보면 전혀 다른 결론에 도달한다. 장희빈이 숙종의 총애를 얻게 된 것은 서인西人을 견제하고자 남인南人을 끌어들인 결과였고, 지나치게 비대해진 남인 세력을 견제하려고 서인을 끌어들인 것이 인현왕후의 복귀일 뿐이다. 장희빈과 인현왕후의 대결은 백성들이 가뭄과 흉년에 시달리며 초근목피로 연명해 가고 있는데도 권력다툼에만 골몰한 지배계층 내부의 한심한 작태였을 뿐이다.

　TV 사극에 등장하는 인물들은 주로 왕족과 귀족들이기에 중견 배우들이 많다는 것을 알 수 있다. 하지만 충격적이게도 태평성대라 일컬어지는 세종대왕의 통치 시절 남자의 평균수명은 29세에 불과했다. 그 정도로 백성들은 모질고 힘든 삶을 살았던 것이다. 국사교과서에서 말하는 태평성대는 왕권이 안정되어 반란이 없었던 시절을 일컫는 말이었지만 백성들의 고통은 태평성대라는 세종대왕 때나 폭정이라는 연산군 때나 사실상 별 차이가 없었던 것이다.

　역사를 누구의 시각으로 바라봐야 할 것인가에 대한 질문에 답하기 전에 필리핀 '피플 파워People Power 혁명'에 대한 가난한 필리핀 농부의 독백을 음미해 볼 필요가 있다.

"1980년 마르코스를 몰아내고 아키노가 대통령이 되자 사람들은 그것을 '피플 파워 혁명'이라고 했어요. 이젠 어둡고 힘든 독재의 시대가 가고 밝은 민주화의 시대가 왔다고 말했지요. 하지만 우리들의 생활이 변한 건 아무것도 없어요. 여전히 농사지을 땅이 없어서 남편들은 집에서 놀고, 마누라들은 외국으로 가정부 일을 하러 갑니다. 언론 자유가 보장되어 좋다고들 하는데, 그때나 지금이나 우리는 말할 게 없어요. 우리가 필요한 건 농사지을 땅입니다."

마르코스의 독재가 타도되자 정권은 자연스럽게 마르코스 시절 탄압받던 아키노에게 돌아갔고, 역사가들은 그것을 '피플 파워 혁명'이라고 평가했다. 그러나 마르코스가 그러했듯이 아키노 역시 수백만 평의 땅을 가진 대지주였고, 근본적 문제인 토지개혁에 대해서는 아키노도 단호하게 반대했다. 그래서 지금도 필리핀은 수백만 평의 땅을 가진 소수의 대지주들과 절대 빈곤에 시달리는 절대다수의 국민들로 양분되어 있다. 그리고 이런 빈곤층이 현실적으로 빈곤에서 벗어날 가능성은 거의 없다.

이것이 과연 시민혁명의 결과인가? 아니다. 민중의 시각에서 바라볼 때, 이것은 단지 기득권층 내부의 권력이동일 뿐이다. 필리핀 농부의 말대로 먹을 빵은 없고 말할 자유만 생긴다면, 그것이 무슨 개혁인가? 또 무슨 의미가 있는가? 이제는 민중의 시각에서 바라보는 역사인식이 절실히 필요한 시기다.

도움 주신 분들

쪽수	사 진	출 처	
표지	삼천궁녀 벽화	고란사	
18	의자왕의 삼천 궁녀가 뛰어 내렸다고 전해진 낙화암		반두환
26	백제 금동 대향로	국립부여박물관	
51	김유신묘십이지신상	국립중앙박물관	반두환
56	노비문서	송광사	
69	공민왕릉		연합뉴스
78	고려의 불화 <수월관음도>	일본 경신사	
105	이순신 영정	현충사	
115	허균의 홍길동전	국립중앙도서관	
118	광해군의 묘		반두환
160	조광조 묘		반두환
166	율곡 이이의 영정	오죽헌시립박물관	
167	이황의 성학십도	영주소수박물관	
168	율곡 이이의 격몽요결	오죽헌시립박물관	
178	송시열 영정	국립중앙박물관	반두환
186	마패	국립고궁박물관	반두환
225	독립문		반두환
241	반민특위조사관임명장	민족문제연구소	
249	베트남전 참전을 위해 떠나는 군인들	월남전과 한국(www.vietvet.co.kr)	
256	전쟁을 끝내고 귀환하는 군인들	월남전과 한국(www.vietvet.co.kr)	
271	조선왕조실록	국립고궁박물관